VOYAGEUR SOUS LES ÉTOILES

DU MÊME AUTEUR

UN AVANT-GOÛT DE PRINTEMPS, roman, Autrement, 2007.
LE ROI D'OLTEN, récits, éditions Bernard Campiche, 2011.
LÉON ET LOUISE, roman, Actes Sud, 2012 ; Babel n° 1237.
LE FAUSSAIRE, L'ESPIONNE ET LE FAISEUR DE BOMBES, roman, Actes Sud, 2015 ; Babel n° 1464.

"Lettres allemandes"
série dirigée par Martina Wachendorff

Ouvrage traduit avec le soutien de Pro Helvetia

fondation suisse pour la culture
prohelvetia

Titre original :
Reisen im Licht der Sterne

ISBN 978-2-330-07819-5

ALEX CAPUS

Voyageur sous les étoiles

récit traduit de l'allemand
par Emanuel Güntzburger

ACTES SUD

Eh bien, que fait-il sur cette île de sauvages ? Celui-là, il n'est pas venu pour la chasse aux œufs. Là-bas, chez lui, il a un palais, et des larbins poudrés ; et s'il n'y est pas resté, pariez qu'il sait pourquoi ! Vous me suivez ?

Le capitaine Davis
in Robert Louis Stevenson,
Le Creux de la vague, écrit en 1890,
première année aux Samoa*

* Les références des citations se trouvent en fin de volume, p. 215. *(Note de l'éditeur.)*

MON PÈRE est normand – comme l'étaient son père, son grand-père et le père de son grand-père ; tous des hommes de haute taille, forts, impassibles, des taiseux d'un silence sans profondeur particulière, ne renvoyant qu'à lui-même. Notre famille passait tous les étés dans une petite ferme de Basse-Normandie qu'une tante par alliance avait reçue en héritage à une époque indéfinie. Ce fut sans doute au petit matin du 6 juin 1964, vingtième anniversaire du D-Day, que mon père me cala sur la banquette arrière de sa Dauphine rouge pompier et invita son propre père à prendre place à côté de lui avant de se lancer sur des routes sinueuses de campagne et de rouler vers le nord, jusqu'à la côte ; vers où exactement, je l'ignore. J'ai gardé de vagues souvenirs d'uniformes, de fanfares et de discours solennels. Je voyais la mer pour la première fois et je me souviens qu'elle ne m'avait pas particulièrement impressionné ; ce qui est resté inoubliable, c'est la ferveur avec laquelle mon grand-père, mon père et moi, marchant lentement sur la plage l'un près de l'autre, remuions le sable de nos pieds à la recherche de témoignages du débarquement allié. Nous trouvâmes des goupilles de grenades, des éclats de shrapnels, des boucles de ceinturons, des cartouches. Des projectiles, des boutons d'uniformes, des écrous, des œillets. Du cuir cassant, des objets métalliques couverts de vert-de-gris ou de rouille. Nous en remplissions nos poches de pantalon et je crois bien que nos joues étaient brûlantes – les miennes d'un enthousiasme enfantin, celles de mon père parce qu'il était gêné de s'adonner à une chasse au trésor si puérile, celles de mon grand-père parce que notre avidité révélait un manque de piété qui lui faisait honte.

Le soir, après le dîner, assis côte à côte dans la cuisine près de la cheminée, les yeux rivés sur le feu, les mains enfouies dans nos poches de pantalon, nous tripotions nos goupilles de grenades et nos éclats de shrapnels que, pour une raison qui m'échappe, nous dissimulions à nos femmes, mères et grand-mère. La grande plaque de fonte placée à la verticale contre le mur derrière le feu dégageait une chaleur bienfaisante – et peut-être fut-ce ce même soir que mon grand-père amena la conversation sur ces trésors de pièces d'or et d'argent cachés parfois derrière ces plaques de cheminée. Qu'il n'y eût pas meilleure cachette, je voulais bien le croire ; quel voleur se risquerait à passer le bras à travers le feu et à toucher la plaque brûlante ?

Quarante ans et trente-huit jours se sont écoulés depuis ce soir-là. Voici près de vingt ans que grand-père est mort ; mon père a pris de l'âge ; quant à moi, je suis maintenant plus ou moins celui que mon père et mon grand-père furent en leur temps. Pourtant, à l'instant où j'écris ces lignes, ce ne sont pas seulement les années écoulées qui me séparent de ce feu dans un âtre normand, mais, littéralement, la planète

Terre. Je suis assis à l'autre bout du monde, aux Samoa, devant l'hôtel Outrigger qui surplombe Apia, et je regarde vers le nord l'immense Pacifique sud en me disant que de là jusqu'au pôle Nord, sur un bon quart de la surface du globe, on n'a plus grand-chose. De l'eau en quantité, un zeste de Hawaii, le détroit de Béring, et puis c'est la banquise.

Je suis ici pour prouver que l'"île au trésor" de Robert Louis Stevenson existe bel et bien, et qu'elle ne se trouve pas du tout là où des cohortes de chercheurs de trésor l'ont cherchée au fil des générations – et que si Louis a passé aux Samoa les cinq dernières années de sa vie, c'est uniquement parce qu'il était, lui aussi, l'un de ces chercheurs de trésor.

Et tandis que le soleil plonge dans la mer, mon cœur s'emplit des sensations éprouvées en ce soir lointain, voici quarante ans, près de la cheminée : mon enthousiasme d'enfant chercheur de trésor, l'embarras paternel pour ce comportement puéril et la honte du grand-père à me voir fouiller dans les affaires d'inconnus morts depuis cent ans et incapables de se défendre.

Apia, 12 juillet 2004

1

UNE GOÉLETTE PAISIBLEMENT ANCRÉE

En ce 2 décembre 1889, l'*Equator*, qui s'était approché à cent quatre-vingt-dix milles de sa destination, cessa d'avancer. Ce petit navire marchand dont la jauge ne dépassait pas soixante-dix tonneaux faisait du sur-place en roulant sur une mer fouettée par les vents ; des bourrasques déferlaient de partout sur les voiles qui claquaient ; il tombait une lourde pluie par quarante degrés de chaleur et cent pour cent d'humidité dans l'air. Un tel climat ne valait rien à un Écossais poitrinaire comme Robert Louis Stevenson ; s'il avait écouté ses médecins, il serait allé suivre une cure dans l'air froid et sec du sanatorium de Davos, où il avait déjà passé deux hivers et presque recouvré la santé. Au lieu de cela, il se trouvait maintenant assis en tailleur sur le parquet humide de la cabine d'où, fumant cigarette sur cigarette, il écrivait une lettre à son ami de jeunesse Sidney Colvin, critique d'art et professeur à Cambridge. Pieds nus, il portait en tout et pour tout un pantalon rayé noir et blanc, un tricot de peau sans manches et une écharpe rouge nouée autour de la taille. Allongée à côté de lui, sa femme, sujette au mal de mer, dormait d'un sommeil agité, avec, près d'elle, plongé dans une paix juvénile, Lloyd

Osbourne, le fils de vingt et un ans que Fanny avait eu d'un premier lit. Le navire, où flottait une odeur âcre de noix de coco fermentée, grouillait de poux et de cafards gros comme le pouce.

*Nous touchons à la fin de notre long périple. Pluies, calmes, grains, bang! et voilà notre mât de misaine emporté ; pluies, calmes, grains, et c'est notre voile d'étai qui s'envole ; et de nouveau les pluies, les calmes, les grains ; une mer prodigieusement creusée tout le temps, et l'*Equator *qui voltigeait et virevoltait comme engoulevent dans la bourrasque ; et la chambre, un grand carré, bondée de pauvres humains trempés, et la pluie qui se précipitait en avalanche sur le pont, et des voies d'eau partout : Fanny, seule femme au milieu de quinze mâles, se tirait crânement d'affaire. (...) Si le bateau était ne fût-ce qu'un peu au vent de sa bouée, nous pourrions être à Apia demain soir au dîner ; mais non : nous roulons bord sur bord, encalminés, amortis, guettant un soupçon de brise, le soleil flamboie au-dessus de nos têtes, le thermomètre indique 88 degrés...*

Cela faisait un an et demi que Stevenson parcourait les mers du Sud, visitant les îles Marquises, Tahiti, Hawaii, et enfin les îles Gilbert pour écrire des reportages destinés à des revues américaines. Tout cela à l'insatisfaction générale : les lecteurs des revues étaient déçus de lire sous la plume de l'auteur de *L'Île au trésor* des traités si fastidieux et si scolaires ; les éditeurs déploraient les mauvais chiffres de vente ; quant à Louis, cette tâche était une obligation pénible avec laquelle il avait hâte d'en avoir fini. Il voulait rentrer chez lui, d'abord à Londres, puis à Édimbourg. À cette époque, il n'avait pas la moindre velléité de s'installer aux Samoa. Rien ne laissait penser que, seulement six semaines plus tard, à l'âge de trente-neuf ans, il investirait toute sa fortune disponible dans l'acquisition d'un bout de jungle impénétrable et y passerait le restant de ses jours. Bien au contraire.

J'ai l'intention de ne point séjourner très longtemps aux Samoa, et d'y borner mon étude (autant que cela se puisse prévoir) à l'histoire de la dernière guerre. (…) Il est encore possible, bien que peu probable, que j'y ajoute un séjour aux Fidji ou aux Tonga – ou aux deux, qui sait? mais je suis de plus en plus impatient de te voir, toi, et je ne veux pas repousser au-delà de juin le moment de mon retour en Angleterre. Nous rentrerons, plût au ciel, par Sydney, Ceylan, Suez, et, je suppose, Marseille. Nous nous arrêterons sans doute à Paris pendant un jour ou deux, mais tout cela est si lointain – bien que cela commence à sembler proche –, et si proche que j'entends déjà le grincement du fiacre dans Endell Street, je vois les grilles s'ouvrir toutes grandes et me représente en train de grimper quatre à quatre l'escalier monumental… Hosanna! Enfin chez moi.

Le calme plat dura encore trois jours. Ce ne fut qu'au vingt-sixième jour en mer, au matin du 7 décembre 1889, qu'apparut l'île principale de l'archipel des Samoa, Upolu, longue et étroite, montagneuse et recouverte d'une jungle épaisse. Depuis la terre ferme arrivaient des effluves d'huile de coco, de feu de bois, de fleurs tropicales et de fruits à pain, que l'on cuit sur du basalte brûlant. La rade du port était bordée d'une unique route, couverte de gravier de corail blanc, derrière laquelle s'étendait, à moitié dissimulée par une double rangée de cocotiers, la capitale, Apia : quelques douzaines de maisons de bois peintes en blanc, presque toutes habitées par des Européens, pour la plupart des Allemands. La bâtisse la plus grande était le siège de la Deutsche Handels- und Plantagen-Gesellschaft für Südsee-Inseln zu Hamburg, la Compagnie allemande hambourgeoise de commerce et de plantations des îles des mers du Sud, qui, depuis Apia, dominait le marché de la noix de coco dans le Pacifique. Venaient ensuite quelques toits en tôle ondulée, puis les consulats allemand, anglais et américain, suivis du vicariat apostolique français de l'archipel des Navigateurs et de quelques églises en roche volcanique ainsi que du bureau de poste, où était accroché un panneau portant l'inscription "Agence postale impériale allemande", puis cinq ou six boutiques d'alimentation et de produits ménagers. Cela ressemblait moins à une ville qu'à une station balnéaire improvisée. Il s'y trouvait six gargotes et bars où l'on servait gin, brandy et sodas ainsi que de la bière allemande (de la Flensburger et de la Pschorrbräu qu'on payait en argent allemand, un mark cinquante la bouteille) ; une salle de billard, une boulangerie, deux forges de maréchal-ferrant et deux installations pour l'égrenage du coton. Un peu à l'extérieur de la ville se trouvait le *biergarten* Lindenau, qui servait toujours des Pschorrbräu fraîches quand le navire postal mensuel venu de San Francisco avait livré de la glace, et, à côté, la piste du club de quilles allemand. Mais en ces années-là, la principale attraction d'Apia était le manège à vapeur sur le port, ultime vestige d'une troupe de forains des États-Unis qui s'étaient dispersés aux quatre vents en laissant là leur outil de travail lorsque le directeur s'était retrouvé dans l'impossibilité de leur verser leur salaire. Un Français, tenancier d'un bar, reprit le manège pour une bouchée de pain, après quoi il fut remis en service chaque fin de semaine. Pour vingt-cinq pfennigs, les jeunes gens de la petite ville offraient à leur bonne amie un tour sur un lion sauvage ou un noble destrier, et tandis que le manège tournait, l'orgue chantait sans relâche que le cœur des hommes, c'est un peu comme une ruche où bourdonnent les filles.

Quand l'*Equator* pénétra dans le port que barraient des récifs de corail, quelques Samoans vinrent à sa rencontre sur d'élégantes pirogues à balancier. En guise de bienvenue, ils entonnaient des chants empreints d'une gaieté mélancolique, dans leur belle langue qui sonnait comme de l'italien aux oreilles des colons allemands, et maniaient leurs pagaies en cadence. Grands et vigoureux, les hommes avaient la peau hachurée de fins tatouages des hanches jusqu'aux genoux ; on aurait dit qu'ils portaient des knickers sous leur pagne. Les femmes, les cheveux parés de fleurs d'hibiscus, avaient pour seuls tatouages des petites étoiles sur le haut du dos, le ventre et le mollet. Les pirogues étaient suivies de la vedette portuaire européenne à la poupe de laquelle se dressait un homme de haute stature aux yeux bleus étincelants, coiffé d'un panama et vêtu d'un costume de lin blanc : Harry J. Moors*, l'Américain installé

* H. J. Moors (1854-1926) était arrivé en 1875 à Samoa en qualité d'employé de la Compagnie allemande de commerce. Son petit-fils Patrick Moors dirige aujourd'hui l'hôtel Betty's à Apia.

depuis quatorze ans à Apia où il faisait commerce de tout ce qu'on peut acheter et vendre. Aux colons allemands il fournissait de la bière australienne, aux Français du homard de Nouvelle-Zélande, aux Britanniques du vin rouge français, aux Samoans des armes à feu et des cotonnades colorées. Il vendait des noix de coco et des ananas au monde entier et procurait des biens immobiliers, des chevaux de selle, des passages en bateau et des crédits bancaires. Propriétaire de plusieurs filiales sur d'autres îles du Pacifique sud, Harry Moors connaissait tout et tout le monde. Il tirait en secret les fils de la politique coloniale, faisait de la contrebande d'armes pour les rebelles, organisait combats de boxe et représentations théâtrales et serait plus tard le premier à exploiter un cinéma à Apia. Il connaissait tous les ragots des Tropiques et, bien sûr, il était au courant depuis longtemps de l'arrivée de Stevenson ; son vieux copain Joe Strong, avec lequel il avait passé bien des nuits de beuverie à Hawaii et dont le hasard avait voulu qu'il fût le beau-fils de cet écrivain mondialement célèbre, l'avait prié par lettre de s'occuper un peu de ses beaux-parents pendant les deux semaines qu'ils comptaient passer aux Samoa. Personne ne se doutait que ces deux semaines deviendraient plusieurs années. Quand la vedette portuaire de Harry Moors accosta l'*Equator*, les Stevenson se précipitèrent sur l'échelle de coupée pour descendre jusqu'à lui. Après de rapides salutations, Louis demanda à gagner la terre sans attendre leurs bagages car ils étaient en mer depuis presque quatre semaines et avaient hâte de retrouver enfin la terre ferme. Moors manœuvra prudemment le bateau entre les épaves d'acier de quatre navires de guerre, mémorial insolite qui bordait le bassin portuaire. Neuf mois auparavant, à force d'acharnement colonialiste et de folie militaire, ces navires en étaient arrivés à chavirer lors d'une nuit de tempête. Voici ce qui s'était passé :

Depuis le milieu du XIXe siècle, les peuples samoans se livraient une guerre fratricide sanglante, pour laquelle ils avaient besoin d'armes, que les commerçants allemands leur fournissaient volontiers – en échange de propriétés foncières, qui ne signifiaient rien pour les Samoans. C'est ainsi qu'en mars 1870, par exemple, la Compagnie commerciale hambourgeoise Godeffroy & Co. avait acquis près de Salefata, sur l'île principale, Upolu, un virgule trois kilomètre carré de terre comprenant des cocotiers, des arbres à pain et une petite rivière d'eau potable de première qualité, payant tout cela d'une arme Snider et de munitions pour cent coups – transaction d'autant plus avantageuse que l'arme provenait de l'armurerie que l'entreprise possédait en Belgique. C'est de cette manière, ou semblablement, que Godeffroy & Co. acquit en l'espace de quelques années plus de cent kilomètres carrés de terre, ce qui représentait environ un cinquième de toute la surface cultivable d'Upolu. L'île principale se trouvait ainsi de fait en mains allemandes, et la jeune puissance coloniale qu'était l'Allemagne fit de l'archipel son “protectorat”. Cette décision fut contestée aussi bien par les chefs samoans rivaux que par les États-Unis et la Grande-Bretagne, puissances coloniales du Pacifique. Lorsque le chancelier du Reich, Otto von Bismarck, dépêcha trois navires de guerre pour défendre les intérêts allemands, le président américain Grover Cleveland envoya lui aussi une escadre aux Samoa. C'est ainsi qu'en mars 1899, neuf mois avant l'arrivée des

Stevenson, six navires de guerre mouillaient dans le port d'Apia : la frégate à vapeur américaine *Trenton*, accompagnée de la corvette *Vandalia* et de la canonnière *Nipsic* ; du côté allemand, la corvette *Olga* et les canonnières *Adler* et *Eber*. Le monde entier retenait son souffle, attendant l'étincelle qui ferait s'embraser le premier conflit germano-américain. Avec quelques jours de retard, le 15 mars, arriva aussi la frégate britannique *Calliope* pour signifier la présence de la reine Victoria. Comme le port était déjà assez plein, la *Calliope* dut mouiller loin de l'entrée – humiliation qui devait bientôt se révéler salutaire. En effet, cet après-midi-là, les cris d'oiseaux cessèrent subitement, le ciel se teinta en vert, et tous les animaux se tapirent dans les fourrés. Les capitaines des sept navires de guerre observaient soucieusement le baromètre qui chutait dramatiquement pour atteindre le niveau jamais vu de vingt-neuf virgule onze pouces de mercure. Tous comprirent qu'il se préparait un violent ouragan et que la seule décision raisonnable aurait été de mettre les frégates, corvettes et canonnières en sécurité en les conduisant en pleine mer. Mais l'amiral américain Lewis A. Kimberley ne pouvait se résoudre à quitter le port tant que les Allemands y étaient encore. Quant au commandant en chef allemand Ernst Fritze, son serment envers l'empereur et la patrie lui interdisait d'être le premier à lever l'ancre. Pour clarifier une telle situation, une conversation aurait été utile, et même vitale ; mais il manquait de part et d'autre tant la volonté que la capacité. Le capitaine Fritze, un homme réservé, parlant à peine l'anglais, n'était pas en mesure de nouer contact avec le commandant américain. L'Américain, de son côté, maîtrisait tout aussi peu l'allemand, mais l'ignorance que Fritze avait de l'anglais n'en représentait pas moins à ses yeux une offense personnelle – c'est ainsi que les six navires allemands et américains restèrent au port, attendant l'ouragan avec résignation, à proximité fatale du récif de corail. En soirée, un silence inquiétant se fit. Dans la baie, la mer étale ressemblait à du plomb liquide. Les indigènes tirèrent leurs embarcations sur la terre ferme ; depuis que, plusieurs heures auparavant, des millions de cafards et de fourmis avaient regagné leurs abris, ils avaient compris. Le commandant de la frégate britannique, se ravisant au dernier moment, gagna la pleine mer, où son navire devait passer la tempête sans dommage. Les Allemands et les Américains, eux, furent assaillis la nuit suivante par un ouragan qui fit s'engouffrer des houles terribles dans le port, ouvert au nord. Des vagues immenses déferlèrent sur le rivage, l'écume et les embruns vinrent cingler les maisons coloniales en bois qui grinçaient sous le vent jusqu'à plusieurs centaines de mètres à l'intérieur des terres. Les navires se dressaient dans la nuit noire contre les masses d'eau, leurs machines à vapeur travaillaient à plein régime, luttant contre les vagues pour soulager les chaînes d'ancre – toute une nuit, un jour, une nuit encore. Les lumières s'étaient toutes éteintes, toute communication entre les navires était interrompue ; et même à bord, l'ouragan emportait dans la nuit les ordres des commandants, devenus inaudibles. Et puis l'eau pénétra dans les salles des machines et éteignit le feu sous les chaudières, les chaînes se rompirent, les bateaux furent projetés les uns contre les autres et contre le récif, les hélices se tordirent, les gouvernails furent arrachés et, au matin du troisième jour de tempête, quatre navires étaient fracassés sur le récif, et deux autres échoués sur le rivage. Cinquante et un marins américains et cent cinquante allemands périrent. Les deux bâtiments échoués – l'*Olga* allemande et la *Nipsic* américaine –, tirés jusqu'à l'eau deux semaines plus tard, furent de nouveau à flot. Les quatre autres restèrent où ils étaient et devaient bloquer le bassin encore des décennies*. La catastrophe provoqua une telle frayeur en Allemagne et aux États-Unis qu'on ajourna les préparatifs de guerre et que les îles Samoa furent déclarées zone neutre.

En ce 7 décembre 1889, la bourgade entière était sur pied pour saluer l'*Equator* et les nouveaux arrivants. Louis, Lloyd et Fanny firent une première promenade dans le port en se laissant examiner par la collection bigarrée d'êtres humains échoués sur ces rivages et qui peuplaient la rue et les bars. Environ trois cents Blancs vivaient aux Samoa. Quelques dizaines d'entre eux étaient des marchands travaillant pour la Compagnie allemande ; on les reconnaissait à leurs costumes blancs impeccables, leurs joues rasées de près et leurs moustaches soigneusement cirées. Contrastant fortement avec eux, la plupart

* Par la suite, le *Nipsic* fut utilisé pendant vingt ans par l'US Navy, amarré dans le port de Puget Sound (Washington) et surmonté d'un toit, comme bateau pénitentiaire. En 1913, la Navy vendit le navire à un entrepreneur privé qui le transforma en allège. L'*Olga* regagna les eaux allemandes, servit de navire-école pour l'artillerie dans la mer du Nord et la Baltique avant d'être mis à la ferraille en 1908. L'*Adler* se trouve toujours dans le port d'Apia. En 1971 encore, son squelette noir se dressait vers le ciel, avant que le navire ne soit recouvert de sable et de roche volcanique lorsque le port fut comblé. Il repose sous la grande esplanade à l'est de la Banque centrale des Samoa.

des autres colons n'étaient pas rasés, s'habillaient des pyjamas élimés les plus confortables possible et gagnaient leur vie tant bien que mal comme taverniers, petits planteurs ou négociants qui achetaient les noix de coco aux indigènes pour les revendre à la Compagnie allemande. Enfin, comme tous les ports des mers du Sud, Apia comptait aussi quelques dizaines de *beachcombers* : marins déserteurs, commerçants en faillite, artistes ratés, détenus en cavale et aristocrates en guigne des quatre coins du monde, qui avaient échoué là et passaient leurs jours et leurs nuits sous des toits bricolés en feuilles de palmier, se nourrissaient des fruits sauvages de la jungle et travaillaient occasionnellement quelques heures dans une plantation si c'était le seul moyen pour se procurer de l'eau-de-vie.

Parmi tous ces gens se trouvait, discrètement vêtu d'un costume noir un peu négligé, un homme dont il faudra se souvenir : le missionnaire presbytérien William Edward Clarke. À cet instant il se tenait encore en retrait, mais il ne se passerait pas trois semaines avant qu'il devienne le meilleur ami de Louis. Chargé par la London Missionary Society de bâtir des églises et des écoles pour les Samoans, William Clarke veillait en outre au salut des âmes de la population européenne. Âgé de trente-cinq ans seulement, il en paraissait bien plus à cause d'une barbe poivre et sel qui lui descendait en pointe jusque sur la poitrine. Il avait débarqué à Apia sept ans plus tôt accompagné de sa jeune femme Ellen, qu'il avait épousée trois semaines avant de quitter sa terre natale de Saint Columb en Cornouailles. Clarke s'était bientôt senti chez lui aux Samoa, au contraire d'Ellen, qui souffrait du climat tropical dévastateur, regrettait sa famille, ses amis et les agréments de la civilisation britannique. Au bout de deux ans seulement, Clarke démissionnait et retournait en Cornouailles avec sa femme. Mais bientôt il se sentit de nouveau irrésistiblement attiré vers les Samoa. Pourquoi ? Personne ne sait. Soit le formalisme puritain de son pays natal lui était devenu insupportable ; soit une idée, un but, un projet, le rappelait là-bas – toujours est-il qu'un an plus tard, le 17 juillet 1887, William et Ellen Clarke étaient déjà de retour à Apia.

Clarke évoque, bien des années après, sa première rencontre avec Louis. "Je vis arriver dans ma direction un petit groupe de trois inconnus européens, deux hommes et une femme. Celle-ci portait une ample robe indigène, un plaid éclatant sur les épaules, sur la tête un chapeau de paille des îles Gilbert orné d'une couronne de petits coquillages et autour du cou un collier de baies écarlates ; en bandoulière sur le dos, une mandoline. Je fus frappé par ses cheveux noirs comme jais, son visage brun, brûlé par le soleil. Elle portait aux oreilles de grandes boucles en or en forme de demi-lune et ses pieds nus étaient chaussés de souliers en coton blanc. Le personnage central du groupe était un homme long et maigre en bras de chemise, avec un manteau de velours marron jeté sur l'épaule, une casquette de toile blanche à large visière, un pantalon de flanelle qui avait dû être blanc, une cigarette aux lèvres, et à la main un appareil photographique qui se balançait au bout d'une bandoulière. (...) À son côté marchait un homme jeune, vêtu, lui, d'un pyjama rayé, l'uniforme de la plupart des marchands européens dans ces contrées quand ils ne travaillent pas, coiffé d'un chapeau de paille avachi à larges bords, et portant des lunettes de soleil bleu foncé ; d'une main il tenait un banjo, de l'autre un concertina. Ils venaient à l'évidence de débarquer de cette petite goélette qui était maintenant si paisiblement ancrée, et ma première impression fut qu'il devait s'agir d'artistes de vaudeville en route pour l'Australie ou les États-Unis, que leur impécuniosité contraignait à voyager à bon marché sur un cargo."

Apia ne comptait alors qu'un seul hôtel, le Tivoli, où il valait mieux ne pas être regardant sur l'hygiène. Harry Moors invita les Stevenson à loger chez lui dans un premier temps. Si l'on en croit ses Mémoires, il s'enticha aussitôt de Louis. "Ce n'était pas un bel homme, mais il y avait en lui quelque chose d'irrésistiblement séduisant. Le génie qui l'habitait semblait rayonner de son visage. Je fus aussitôt frappé par son regard passionné et curieux. Ses yeux marron brillaient étrangement et semblaient vous transpercer comme ceux d'un mesmériste. Je n'eus pas besoin qu'on me dise que sa santé n'était pas la meilleure du monde, car c'était écrit sur son visage. Il semblait d'une nervosité extrême, très tendu, facilement excitable. Quand je l'eus conduit sur la terre ferme, il sembla d'abord assez faible, mais à peine eût-il atteint la rue (Apia est une ville faite pour ainsi dire d'une unique rue) qu'il se mit à aller et venir de la manière la plus vive, sinon excentrique. Il ne tenait pas en place. Quand je l'amenai chez moi, il arpenta la pièce, me cribla de questions, sans arrêt, parlant de toutes sortes de sujets et passant du coq à l'âne. Sa femme était tout aussi fébrile que lui ; quant à Lloyd Osbourne, ce n'était guère mieux. Ils étaient tous trois assez confus après leur long voyage solitaire en goélette et ravis d'être enfin de retour sur la terre ferme."

Le lendemain, Louis alla trouver Moors, lui emprunta un cheval et entama consciencieusement des recherches pour son reportage. Après avoir attendu une éclaircie entre deux trombes d'eau, il se lança sur la rue principale détrempée pour gagner l'extrémité est de la baie et interviewer le colonel de Coëtlogon, le consul britannique, à propos des conflits récents aux Samoa. Puis il rentra au galop à la maison de Moors pour noter la conversation ; il remonta en selle pour aller discuter avec le chef samoan Mataafa ; revint rapidement jusqu'à son bureau et coucha tout sur le papier ; repartit au grand galop à l'est de la ville trouver Becker, le consul allemand ; et de nouveau il était à sa table avant d'aller voir le consul américain Harold M. Sewall. Une semaine durant, infatigablement, Louis chemina dans un sens puis dans l'autre, toujours sur la même rue.

Avant-hier on m'a arrêté et infligé une amende parce que j'allais trop vite, ce qui m'a mis d'autant plus hors de moi que la femme du directeur de la factorerie allemande allait deux fois plus vite que moi, mais personne ne lui dit rien, qui plus est.

Ainsi se passaient les journées. Encore à Noël, la situation était la même. Louis eut beau se plonger dans l'histoire des Samoa, il n'éprouvait pas d'attachement particulier pour l'île ; et rien n'indiquait que, deux semaines plus tard, les Stevenson s'établiraient aux Samoa pour leur vie entière. À un ami d'études, Charles Baxter, avocat à Édimbourg, Louis écrivait le 28 décembre : "Les Samoa, ou à tout le moins Apia, sont infiniment moins belles que les Marquises ou Tahiti : relief plus doux, déclivités moins accusées ; elles offrent le visage d'une nature davantage domestiquée, et pour l'errant que je suis cette impression est encore accrue par les immenses plantations allemandes alignant leurs innombrables et régulières avenues de palmiers. Je ne suis pas particulièrement attiré par les Samoans : ils sont courtois. Les femmes sont fort séduisantes et se vêtent joliment ; et les hommes, comme à dessein, bien charpentés, grands, sveltes et d'un port digne. Ils sont bien bâtis, grands, élancés et pleins de dignité. Demain (lundi, mais je ne jurerais pas de la date, car je ne sais plus très bien où j'en suis, sinon qu'aujourd'hui nous sommes dimanche entre Noël et le Premier de l'an), je vais remonter la côte en bateau avec M. Clarke, pour aller voir des écoles et rendre visite à Tamasese, entre autres choses. Lloyd vient avec nous pour prendre des photographies*. Nous

* Tamasese était un chef samoan très influent. On ignore si Stevenson et lui se rencontrèrent au tournant de l'année 1889. Il est avéré historiquement que Tamasese se rendit en Allemagne en 1910 à bord d'un vapeur allemand chargé de noix de coco – pour une visite de chef d'État, croyait-il. Mais une fois qu'il eut débarqué à Hambourg avec sa femme, son fils, ses deux filles et huit autres jeunes filles qui les accompagnaient ainsi que quelques enfants, il fut placé derrière les grilles du zoo où il était supposé divertir la bourgeoisie hanséatique par des danses, des sports de combat et la préparation du kava, la boisson nationale. Mais Tamasese, jugeant cela incompatible avec son rang, se précipita dans la rue et sauta dans la première voiture qui passait en criant : "Otto Riedel !" C'était le nom d'un commerçant hambourgeois qui avait travaillé pendant des années aux Samoa pour le compte de la Compagnie allemande de commerce et

faisons des vœux pour qu'il fasse beau temps : c'est la saison des pluies. Nous serons partis quatre ou cinq jours, et s'il ne tombe pas d'eau, je serai ravi de ce dérivatif ; mais si l'on a un temps de chien. Je t'écris de la véranda située sur l'arrière de la maison de Moors. Une brise fraîchit ; portes et volets se mettent à battre ; un fort courant d'air balaie la véranda ; cela n'augure rien de bon pour demain."

Voilà qui est intéressant : aux alentours de Noël, le missionnaire Clarke et Robert Louis Stevenson étaient déjà amis au point de faire ensemble un voyage d'exploration. On aimerait en savoir plus sur la rencontre des deux hommes – car c'est au cours de ces journées que Louis décida de s'établir pour toujours aux Samoa ; étrange résolution que rien ne laissait présager. Pourquoi, lui qui s'était tourné vers l'athéisme dans sa jeunesse, appréciait-il la compagnie d'un missionnaire à barbe ? Quelles furent la raison et la destination de cette excursion, et combien de temps dura-t-elle ? Quelle sorte de découvertes espérait-on faire, et que découvrirent vraiment les deux amis lors de ce voyage ?

Clarke, dans le rapport annuel qu'il envoya au siège londonien de la mission, ne dit malheureusement pas

de plantations. L'automobiliste inconnu réagit avec jugeote : il chercha dans l'annuaire l'adresse de Riedel, qui habitait dans l'Adolphstrasse, et y conduisit le chef des mers du Sud. Grâce à l'intervention de Riedel, le clan de Tamasese fut traité dorénavant avec davantage d'égards. À Munich, il reçut la visite du roi Louis ; à Berlin, il assista à une parade sur l'esplanade de Tempelhof et fut présenté à l'empereur Guillaume II. (Otto Riedel, *La Conquête des Samoa. Souvenirs d'un commerçant de Hambourg*, Berlin, 1938, p. 218 *sq.*)

un mot de cette excursion. Aucune des photographies de Lloyd ne remonte non plus à ces journées-là. La seule trace se trouve donc dans ces quelques phrases de la main de Louis, selon lesquelles cette exploration les conduisit à quelques douzaines de milles à l'est, le long de la côte nord d'Upolu, où ils visitèrent quelques écoles, rencontrèrent Tamasese "et ainsi de suite". Un second voyage de Louis, peu après semble-t-il, sans Clarke, n'est mentionné qu'en passant. On sait seulement qu'il le conduisit d'abord dans la direction opposée, jusqu'à la pointe ouest d'Upolu, à trente kilomètres de là. Difficile de dire quelle était la destination de Louis. Dans l'ouest de l'île, les chaînes volcaniques s'adoucissent en un paysage agréablement vallonné dans lequel la Compagnie allemande de commerce avait planté plusieurs kilomètres carrés de cocotiers. Il n'y a pas grand-chose à y découvrir. Qui sait si Louis ne tourna pas le dos à la côte samoane pour mettre le cap vers le sud depuis l'extrémité ouest et aller visiter telle ou telle île secrète. Le fait est que Louis, à peine revenu de cette excursion, décida rapidement d'investir toute sa fortune disponible dans l'achat d'une parcelle de jungle impénétrable.

2

UN DOMAINE DIGNE D'UN PRINCE

Louis rentra à Apia au plus tard le 20 janvier 1890, date à laquelle il écrivit à son médecin écossais Thomas Bodley Scott une lettre contredisant toutes ses déclarations antérieures à propos des Samoa : "Ce climat me convient si bien que j'ai décidé de m'établir ici ; j'ai même acheté une pièce de terrain de trois à quatre cents acres (je n'en connaîtrai la superficie exacte que lorsque l'arpentage sera terminé), et je ne retournerai en Angleterre que l'été prochain pour y liquider mes affaires*."

* Stevenson décrit ensuite au médecin la manière dont il comptait soigner ses voies respiratoires : "(...) Vous seriez resté encore plus longtemps sans nouvelle de votre malade qui fait l'école buissonnière si je n'avais pas à vous faire part d'une découverte d'ordre médical. Je constate que je suis à même de combattre (presque instantanément) un rhume à l'aide du liquide extrait de la coca ; deux ou (si le rhume est opiniâtre) trois cuillérées à thé quotidiennement, sur une période variant de un à six jours, suffisent généralement à chasser le refroidissement. Je constate que cela provoque immédiatement une sensation de chaleur, atténue la sévérité de l'accès, et bien que la prise soit fort désagréable, prévient l'évolution de la maladie. Peut-être qu'une administration plus massive – des piqûres de cocaïne, par exemple – donnerait encore de meilleurs résultats." (*Letters*, vol. 6, p. 353 ; *Corr.* 2, p. 296-297.)

On croit avoir la clé de l'énigme : le climat. Si Louis fut conquis par les Samoa au point de vouloir y rester pour toujours, c'était donc à cause de leur climat plaisant. On est tout de même surpris. Car en ce mois de janvier 1890, la saison des pluies se caractérisait aux Samoa par une chaleur étouffante, des précipitations diluviennes, des vents violents et une humidité de l'air très élevée*. Ce goût de Louis pour la saison tropicale des pluies était vraiment extravagant, et partagé par peu de gens. C'est ainsi que le vice-consul britannique notait dans son rapport annuel de 1895 : "Avec un tel climat, aucun Européen ne peut travailler régulièrement au grand air tout en restant en bonne santé. Ceux qui affirment le contraire ne connaissent pas cette région." À d'autres occasions, Stevenson déclarait sans ambages n'être pas un amateur de la mousson. Un an plus tard exactement – de nouveau au plus fort de la saison des pluies –, il écrivait à Colvin : "Son oreille avait rendu ma femme à demi folle ; avec la pluie qui descendait en cordes de cristal blanc en faisant un vacarme d'enfer, un *tutti* de béliers en furie, sur notre toit en tôle ; et le vent qui passait là-haut en murmurant des choses étranges ou qui nous fouettait si fort que les grands arbres du paddock hurlaient en se tordant les mains et en brandissant leurs vastes

* Le hasard voulut qu'en ce même mois de janvier 1890 furent entrepris à l'instigation de l'observatoire maritime de Hambourg les tout premiers relevés météorologiques ; ils le furent par le médecin de la Compagnie allemande de commerce, le Dr Bernhard Funk, qui dans les années qui suivirent devait devenir le médecin de Louis jusque sur son lit de mort. Les notes écrites du Dr Funk sont déposées à Apia au ministère de l'Agriculture et de la Météorologie.

bras. Les chevaux se tenaient serrés sous l'auvent comme des êtres stupides. La mer et le vaisseau amiral mouillé à l'embouchure de la baie s'évanouirent dans les trombes d'eau. Cela dura toute la journée ; j'avais enfermé mes papiers dans mon coffre en fer, au cas où un cyclone emporterait la maison. Nous sommes allés nous coucher dans la plus complète incertitude ; bien plus qu'à bord d'un bateau, où la noyade est la seule perspective – tandis que là vous avez les poutres et la tôle de toit qui peuvent vous tomber sur la tête, vous courez dans les ténèbres jusqu'à l'abri précaire d'une écurie pas encore terminée – et ma femme avec une otite ! (...) J'ai toujours craint par-dessus tout le bruit du vent. Dans mon enfer à moi, la tempête soufflera sans cesse."

Fin janvier 1890, l'affaire était conclue. Louis acheta à un maréchal-ferrant écossais devenu aveugle une parcelle située à trois lieues au sud d'Apia, au pied du plus haut sommet volcanique. Elle était entièrement couverte d'une jungle impénétrable et Louis déboursa quatre mille dollars pour l'acquérir – il ne possédait pas davantage et ne savait pas où il trouverait l'argent pour y construire une maison. Soucieux, il calcula qu'il allait lui falloir s'empresser d'écrire dans cette jungle au moins deux ou trois gros succès.

J'ai acheté 314 acres et demie (1,27 kilomètre carré) de terrain, magnifique et inculte, sur les hauteurs d'Apia ; une fois que la maison sera bâtie, le jardin défriché et tout le bétail mis à paître, ce sera un bon repli pour trouver refuge et vivres ; et si l'île finit par se doter d'une certaine stabilité politique, il ne serait pas inconcevable de tirer un petit revenu de cette propriété. Le terrain est situé à une altitude comprise entre 600 et 1 500 pieds, et dessus nous avons cinq cours d'eau, rivières, des chutes, des précipices, de profonds ravins, des plateaux herbus, cinquante têtes de bétail (encore faut-il les attraper, ces bestiaux), et une splendide vue sur la forêt, la mer, la montagne, et les navires de guerre au mouillage dans le port : un domaine digne d'un prince.

Le domaine s'appelle Vailima, ce que Louis – et à sa suite tous ses biographes – traduisit inexactement par "Cinq rivières*". Ananas, noix de cacao et de coco, papayes et avocats y poussaient à profusion à l'état sauvage. On y trouvait manguiers, arbres à pain, bananiers, limoniers et citronniers. Les oranges étaient dures et non comestibles, mais leur jus donnait un shampooing doux qui assouplissait

* *Vai* = eau, rivière ; *lima* = cinq, main. À Vailima, même en comptant large, on ne trouve pas cinq rivières, mais tout au plus trois. *Vailima* signifie en réalité "eau dans la main" et renvoie à la légende de Sina, la belle vierge ayant vécu jadis à l'endroit qui est devenu Vailima. Le bruit de sa beauté parvint jusqu'aux oreilles de Tui Fiti, chef-roi de Fidji. Ce dernier, se transformant en poulpe, gagna les Samoa par les eaux et remonta le fleuve Vaisigano, dont l'embouchure est dans la baie d'Apia, jusqu'à l'endroit où la belle Sina venait quotidiennement chercher de l'eau pour elle et sa famille. Le poulpe et la jeune fille s'éprirent l'un de l'autre. Malheureusement, le poulpe ne retrouva que la moitié de sa forme humaine : de la tête aux hanches il était humain, du bassin jusqu'en bas poulpe. Il resta donc prisonnier des eaux. Mais la jeune fille rendait visite chaque jour à Tui Fiti et, en signe d'amour, puisait de l'eau dans ses mains pour le désaltérer. (Je dois ces informations à Naumati Vasa, professeur de sculpture traditionnelle sur bois et de mythologie à la National University of Samoa, Apia.)

les cheveux et leur donnait un éclat soyeux. Des fleurs aux parfums capiteux s'y épanouissaient éternellement, jasmin, nard, gardénias, haies d'hibiscus rouge carmin, et partout des patates douces, des melons et des courges qui avaient dû être plantées dans cette jungle on ne sait trop quand. Louis était ravi : "La forêt vierge est grandiose ; elle aurait une assez grande valeur si elle poussait près d'une gare." Il embaucha aussitôt des indigènes par dizaines pour déboiser cette forêt vierge. Ils eurent vite fait de dégager une clairière – qui ne devait cependant jamais être vraiment agrandie dans les années suivantes, de même que pas une seule des plantations de cocotiers, ananas et bananiers que possédait Stevenson ne lui rapportèrent des bénéfices – et Louis y fit installer une baraque en bois où habiter provisoirement. Ses lettres ne mentionnent pas que les Samoans considéraient cet endroit comme maudit, croyant qu'Aitu y résidait, le démon aux deux sexes ; exactement à l'endroit où Louis entendait construire sa maison avait vécu jadis, disait-on, un chef cannibale qui avait tendu une corde en travers de son terrain et dévorait quiconque osait la passer.

Pour comprendre les étranges décisions que prend un homme, il peut être utile de chercher la femme qui se trouve derrière tout cela. Dans le cas présent, si une femme donna l'impulsion, ce ne fut certainement pas Fanny, la femme de Louis ; s'il n'avait tenu qu'à elle, jamais les Stevenson ne se seraient installés aux Samoa, peut-être même n'auraient-ils jamais voyagé dans les mers du Sud. Malgré sa beauté tsigane, ses yeux noirs et sa peau olivâtre, Fanny, qui aimait marcher pieds nus et fumer du matin au soir des cigarettes qu'elle roulait elle-même, n'était plus une jeune fille, mais une femme de cinquante ans, mère de trois enfants, divorcée et remariée. Un ivrogne lui avait pris sa fille aînée, Belle, et la phtisie avait emporté Hervey, son benjamin ; il ne lui restait que Lloyd, qui l'accompagnait fidèlement partout sur le globe. Faute de talent, elle avait dû dire adieu à ses rêves de jeunesse – devenir écrivain, danseuse, peintre ou au moins une couturière célèbre – et ces renoncements ne la laissaient toujours pas en paix. Quand Louis la traitait en plaisantant de "paysanne née" parce que son potager prospérait, elle en était profondément blessée et lui faisait des scènes terribles, des mois durant. "Je déteste tellement être une paysanne, note-t-elle dans son journal à la date du 5 novembre 1890, que j'éprouve un réel plaisir quand mes activités de paysanne se soldent par un échec." Les dernières années, elle avait épaissi autour des hanches et sa lourde chevelure noire avait pris une note argentée. Si Fanny rêvait encore de quelque chose, c'était sûrement moins d'un lopin de jungle sur une île des mers du Sud que d'un salon britannique bien chauffé où elle recevrait des hôtes cultivés et serait servie par un personnel qui ne sentait pas mauvais. Depuis le début de la croisière, elle avait été sujette à toutes sortes de douleurs imaginaires et réelles, elle avait une peur panique du typhus, du choléra et de l'éléphantiasis, s'était abonnée à la revue médicale spécialisée *The Lancet* et soupçonnait partout la présence d'animaux nuisibles, de parasites et d'insectes venimeux. Fanny redoutait les guerres, les catastrophes naturelles et les difficultés de ravitaillement ; quant à ses relations avec les indigènes, l'amabilité de ces barbares tatoués et fainéants lui inspirait une profonde méfiance. Débarquer à Apia avait été un soulagement, certes, car cela mettait un terme provisoire à une croisière de trente mille kilomètres en tout sur le Pacifique, durant laquelle elle avait constamment souffert du mal de mer. Mais elle ne désirait pas pour autant s'établir aux Samoa jusqu'à la fin de ses jours. Si Louis s'était mis à acquérir des kilomètres carrés de terres, ce n'était donc certainement pas pour exaucer son souhait à elle. Et si elle avait pu prévoir qu'il la laisserait dorénavant souvent seule dans la jungle pour partir en voyage d'exploration, sans doute aurait-elle trouvé moyen d'empêcher cette acquisition. Il se produisait en effet à Vailima des choses qui causaient à Fanny des frayeurs sans nom. Certains jours tout à fait paisibles, on pouvait entendre parfois dans le jardin un étrange tapage souterrain. Fanny soupçonnait alors sous ses pieds la présence d'une caverne où séjournaient des Noirs armés de couteaux – ou, pire encore, elle se disait que ce grondement était d'origine volcanique. Elle ressentait parfois de brèves et violentes secousses terrestres, une fumée soufrée lui piquait le nez de temps à autre, même quand aucun feu n'était allumé à des lieues à la ronde*.

Je fais ici un sacrifice, écrivit-elle en secret à son amie Fanny Stiwell, en Écosse. *Je porte des fleurs dans les cheveux et je vante le beau panorama, certes, mais cela ne veut pas dire que j'y prenne plaisir et que je ne*

* Fanny n'avait pas tout à fait tort de craindre les volcans, puisque douze ans plus tard, en octobre 1902, un volcan entra effectivement en éruption sur l'île voisine de Savaii, recouvrant sous des mètres de lave une bonne part des plantations allemandes. (Fanny et Robert Louis Stevenson, *Our Samoan Adventure*, New York, 1955, p. 74 *sq.*)

fasse pas de sacrifices. Les Samoans sont des gens pittoresques, mais je ne les aime pas. Je dois organiser mon temps de manière à ne pas les croiser. Le seul personnel que je trouve ici, ce sont des jeunes Noirs anthropophages. Ce sera à moi qu'incomberont une grande part des tâches ménagères, ainsi que la cuisine. Il faudra bien que nos terres donnent assez de nourriture pour nous tous, sans quoi nous n'aurons rien à manger – et cela aussi, c'est à moi de m'en occuper. Mais bon, je n'ai pas envie d'en parler ; et puis je suis constamment mal en point. Je ne veux pas me plaindre. Je ne me plains pas, vraiment pas, et il n'y a qu'à toi que je raconte tout cela. Je veux que Louis et que tout le monde croie que je me plais à Samoa. Je ne veux pas que les gens pensent que je me sacrifie pour Louis. En vérité, je ne peux faire aucun sacrifice pour lui ; car tant que je peux faire quelque chose pour lui, c'est un plaisir pour moi et ce n'est plus le sacrifice que ce serait si je l'accomplissais pour tout autre que lui.

Dans les premiers temps, Louis, Fanny et Lloyd menèrent à Vailima une vie frugale. Des visiteurs occasionnels racontent qu'ils durent apporter eux-mêmes leur dîner, les Stevenson n'ayant guère plus qu'un avocat à se partager. Mais il en irait bientôt autrement. En l'espace des quelques années que les Stevenson passèrent aux Samoa, leur domaine atteignit une prospérité qui faisait pâlir d'envie jusqu'aux négociants européens les plus fortunés et aux chefs samoans les plus puissants.

En deux ans, la jungle qui surplombait Apia vit s'élever une maison de maître de deux étages plus vaste et plus luxueusement aménagée qu'on n'en avait jamais vu aux Samoa. Chaque étage était bordé, sur toute la longueur de la maison, d'une véranda large de quatre mètres offrant une superbe vue sur la baie. Les sanitaires et la cuisine avaient l'eau courante. Au rez-de-chaussée, le hall d'entrée était long de vingt mètres et large de treize. Le parquet et le plafond à caissons étaient en *redwood* californien *(Sequoia sempervirens)* laqué, un bois de construction très recherché sous les Tropiques pour sa résistance aux champignons et aux termites. Le mobilier, tout ce qu'il y avait de plus *british*, était en acajou ou bois de rose avec des ferrements en argent. Les murs étaient ornés de portraits d'ancêtres, un socle supportait le buste en marbre du grand-père de Louis, Robert Stevenson, l'inventeur du phare à lumière intermittente, un autre le plâtre d'un groupe de Rodin. La grande volée de marches qui conduisait du hall aux cinq chambres à coucher et à la bibliothèque était flanquée de deux bouddhas birmans. Dans un angle de la pièce était placée une large cheminée en pierre, sans doute unique sous ces latitudes ; jamais encore sous les Tropiques, un être humain doué de raison n'avait songé à installer le chauffage. Mais dans l'idée écossaise que Louis se faisait du confort, un feu de cheminée ne pouvait manquer, et Harry Moors avait dû faire venir des briques de Nouvelle-Zélande pour plus de mille dollars. Malheureusement, la cheminée tirait mal et enfumait la maison entière, et, après quelques tentatives, son propriétaire renonça à chauffer. Aujourd'hui encore, les briques de la cheminée ne portent pas grande trace de suie.

Aucune route ne montait jusqu'à Vailima ; tout le matériau de construction dut être porté à dos de cheval depuis le port. Une fois la maison terminée, la procession de caisses et de tonneaux ne cessa pas.

Louis s'était fait expédier d'Écosse quelques pièces du mobilier de famille – une table en chêne, des sièges en cuir, un buffet Chippendale ainsi qu'un vaisselier rempli de verres en cristal et de porcelaine. Le 1er juillet 1891 arriva d'Édimbourg le vieux piano de ses parents ; même si personne n'en jouait, Louis avait souhaité ardemment l'avoir à Vailima. Mois après mois, le navire postal livrait du vin français et du whisky écossais par tonneaux, des cigares et cigarettes par caisses, de la glace de Californie par gros blocs ainsi que du jambon de Parme, du fromage d'emmental et du chocolat de Belgique. L'étable abritait généralement trois ou quatre vaches à lait, plusieurs chevaux ainsi que des cochons et des poules. L'entretien d'une telle maison étant impossible sans aide, Louis et Fanny embauchèrent du personnel. À Noël 1891, Vailima comptait, outre les ouvriers de la plantation, cinq domestiques samoans ; un an après, ils étaient douze. Harry Moors estimait le prix de la construction à quelque vingt mille dollars, et Louis chiffrait les frais annuels du ménage à six mille cinq cents dollars, de très grosses sommes à la fin du XIXe siècle.

Une fois la maison bâtie au prix de tant d'efforts, Louis semble avoir été bien moins captivé par le climat ou la diversité de la flore et de la faune que par une hauteur nommée mont Vaea qui, située sur le domaine des Stevenson, dominait la côte à une altitude de quatre cent soixante-quinze mètres. Des frégates volaient en tournoyant au-dessus d'elle, les flancs avaient la forme de courants de lave refroidie et étaient couverts d'une jungle impénétrable dont la frondaison laissait passer le roucoulement de pigeons sauvages. "Je pense que Stevenson a dû faire plusieurs fois l'ascension du mont Vaea, rapporte

Moors, car à plus d'une occasion il me parla du panorama « somptueux » qu'on a depuis le sommet de « sa montagne »."

Aucun sentier n'y montait ; gravir cette pente escarpée à travers la jungle devait être une torture pour Louis. On peut supposer qu'il emmenait avec lui deux ou trois Samoans munis de machettes qui lui ouvraient le passage ; et, plusieurs fois, après être redescendu du sommet, il confia à son beau-fils Lloyd vouloir y être enterré. "Même si l'endroit était sur notre propriété et que nous l'avions toujours ostensiblement sous nos yeux, Stevenson était le seul d'entre nous à avoir jamais gravi ses flancs abrupts. Mais malgré sa demande, je ne pus me résoudre à dégager un chemin à travers la jungle jusqu'au sommet. Je savais que c'eût été tâche terrible, mais là n'était pas ce qui m'en empêchait réellement. Comme on peut l'imaginer, je reculais devant l'association avec sa mort que cela induisait. En effet, qu'aurait-il été d'autre, ce sentier, que celui conduisant à sa tombe ? Je répugnais indiciblement à y travailler. Ainsi, même si je savais comme il en était contrarié, je trouvais toujours le moyen de me soustraire à ce souhait.

Les fins d'après-midi, alors que nous autres jouions au tennis devant la maison, il allait et venait dans la véranda et je le voyais souvent s'arrêter pour regarder vers le sommet. Le soir, c'était particulièrement beau, avec l'étoile du Berger brillant au-dessus, et c'est à ces moments-là qu'il restait le plus longtemps absorbé dans une contemplation qui me troublait. J'essayais toujours d'interrompre ces rêveries ; je l'appelais ; je lui demandais quel était notre score ; ou bien, souvent, j'abandonnais la partie et je venais le rejoindre pour détourner son attention."

Que l'on aimerait savoir pourquoi précisément cette montagne – qui, pour l'observateur non prévenu, n'est qu'une banale colline comme il en existe tant d'autres – fascina Stevenson à ce point. Pourquoi le mont Vaea et aucune autre des montagnes de Samoa, Hawaii ou Tahiti ! Alors que Louis notait vraiment tout ce qui le touchait, et si possible faisait imprimer tout ce qu'il avait noté, il est singulier qu'il ne dise pratiquement pas un mot du mont Vaea dans ses lettres, romans et reportages. Et puisque aucun témoignage écrit ne permet de comprendre pourquoi cette colline insignifiante fascinait tant ce poète qui avait parcouru le monde, il ne reste sans doute qu'à aller voir sur place.

De nos jours, deux confortables sentiers de randonnée conduisent de la maison de Stevenson à la montagne ; l'un, pentu, qui se parcourt en une trentaine de minutes, l'autre plus doux, dont l'ascension demande au moins deux fois plus de temps. Arrivé au sommet, on découvre d'abord le panorama inattendu : au nord, les toits des maisons d'Apia, puis le port et l'immensité de l'océan ; à l'ouest, les versants boisés et les sommets pointus des collines ; au sud, on voit une autre succession de collines et, à quelques centaines de mètres à l'est du mont Vaea passe la route qui était du temps de Robert Louis Stevenson l'unique piste de la côte sud.

Plus loin encore en direction du sud-ouest, juste derrière l'horizon, à deux cent soixante-sept kilomètres de là se trouve une petite île de forme conique. Par beau temps, un voilier ou un petit vapeur la rejoindraient aisément en deux jours – et en moins de vingt-quatre heures pour l'une de ces pirogues à balancier rapides comme la flèche que manient les Samoans. Vue de loin, l'île semble constituée seulement d'un banal volcan éteint comme il y en a tant dans les mers du Sud. Elle s'élève à cinq cent soixante mètres au-dessus du niveau de la mer, a une superficie de trois virgule quatre kilomètres carrés mais quasiment pas d'habitants ; nommée aujourd'hui Tafahi, elle appartient au royaume des Tonga. Quelques dizaines de Tongiens cultivent la vanille au nord-ouest de l'île et pêchent pour leur subsistance. Mais au sud, du côté opposé aux Samoa, se trouve une plage solitaire auréolée depuis l'époque de Robert Louis Stevenson de toutes sortes de légendes.

Quelques jours à peine après avoir signé l'acte d'achat de Vailima, Louis accorda une interview à un reporter du *Sydney Morning Herald* :

> R. L. S : Oui, ces îles sont belles, si belles que j'ai décidé d'en faire mon nouveau pays. Bien sûr, il n'est pas facile d'acheter des terres sur les îles des mers du Sud, mais j'ai eu la chance de trouver aux Samoa un endroit qui me convienne.
>
> Le reporter : Mais considérez-vous que la situation aux Samoa soit suffisamment stable pour que vous puissiez vous y établir ?
>
> R. L. S : Nous verrons bien. Il faut que je tente ma chance.
>
> Le reporter : Je suppose que vos expériences dans les mers du Sud fourniront la matière de votre prochaine œuvre de fiction. Et puisque nous y sommes : avez-vous visité l'île au Trésor ?

RLS eut un sourire amusé : L'île au Trésor n'est pas dans le Pacifique. En fait, j'aimerais bien savoir moi-même où elle se trouve. En écrivant le livre, j'ai veillé, pour ne pas provoquer une ruée malvenue de chercheurs de trésor, à ne donner aucune indication sur sa situation. Toutefois, on suppose généralement qu'elle se trouve dans les Caraïbes.

3

L'HISTOIRE DE FANNY ET LOUIS

Le succès littéraire de Louis était encore tout récent lorsqu'il s'installa aux Samoa ; la reconnaissance avait été tardive et inattendue. Lycéen discret, il n'avait pas voulu devenir ensuite ingénieur et constructeur de phares comme son père et le père de son père*, et c'est à contrecœur qu'il avait mené à leur terme ses études de droit à l'université d'Édimbourg. Le jeune homme issu d'une famille fortunée avait attiré l'attention avant tout par son extravagante veste de velours bleu, ses cheveux tombant sur les épaules et sa moustache clairsemée ; en outre, il faisait volontiers la tournée nocturne des bars du port et des bordels d'Édimbourg, buvant quantité de bière, fumant du haschich et noyant marins, charretiers et prostituées sous ses paroles. Il

* Les ancêtres de Robert Louis Stevenson furent des pionniers de la construction de phares. Son grand-père Robert (1772-1850), inventa la lumière intermittente alternant entre rouge et blanc grâce à un mécanisme de rotation de deux plaques rouges face à face tournant autour de la source lumineuse. Le père de Louis, Thomas (1818-1887) introduisit les lentilles projetant le faisceau de lumière au loin sur la mer. Sur les quelque deux cents phares construits le long des côtes escarpées d'Écosse, quatre-vingt-dix-sept le furent par des ingénieurs de la famille Stevenson.

fut longtemps éperdument amoureux d'une grande fille blonde nommée Kate Drummond, qui travaillait alternativement dans une usine et dans la rue ; le projet de Louis – l'épouser pour la tirer du ruisseau – échoua devant la résistance de ses parents strictement puritains.

Pendant la journée, il s'adonnait à l'écriture. Mais non sans souffrances : ce qu'il écrivait n'arrivait jamais à la hauteur de son ambition, mais il avait beau faire, il ne pouvait se sortir de la tête ni son ambition ni l'écriture. Rien de ce qui lui venait à l'esprit ne lui semblait valoir la peine d'être mis sur le papier. Il arrivait de temps en temps à rédiger de petits traités compassés sur l'histoire héroïque de l'Écosse, et ils étaient parfois même imprimés dans telle ou telle revue universitaire. Il écrivit aussi un livret d'opéra dont on n'a plus que ce titre engageant : *La Pomme de terre pourrie*. L'été était la saison où rassembler du matériau littéraire : il parcourut la Forêt-Noire, fit une croisière dans les Hébrides intérieures ou descendit en canoë les rivières de Belgique et du Nord de la France ; au retour, il écrivait de jolis récits de voyage un peu trop centrés sur sa propre personne. Pas une ligne sur les pirates, pas un mot sur les doublons d'Espagne, pas une syllabe sur des squelettes ou des îles solitaires.

Rien ne laissait présager que Louis écrirait un jour autre chose que des opuscules exsangues et scolaires. Et puis, en janvier 1883, son premier roman parut : *L'Île au trésor*. Une histoire pour garçons. Le livre était le contraire absolu de tout ce qu'il avait écrit jusque-là – nulle vaine érudition, pas de verbiage, pas de complaisance infatuée mais une aventure simple et captivante.

Que s'était-il passé ?

Louis a persisté jusqu'à la fin de ses jours à affirmer qu'il n'existe aucun modèle réel de "l'île au trésor", que le roman est donc pure fiction – bricolé d'emprunts à d'autres écrivains. Durant sa quatrième année aux Samoa, il écrivit dans le sémillant avant-propos à une réédition : "Comme dit le proverbe, les eaux dérobées sont douces. J'aborde là un chapitre épineux. Nul doute que le perroquet appartint jadis à Robinson Crusoé. Nul doute que le squelette provient de Poe. Je ne fais pas grand cas de cela, ce sont des bagatelles, des détails ; et personne ne saurait avoir le monopole des squelettes ni accaparer les oiseaux qui parlent. La palissade, me dit-on, vient des *Nouveaux Robinsons*. Possible, ça m'est égal."

Une telle franchise, qui n'est pas courante chez les écrivains, inspire la défiance. S'il en faisait l'aveu, pouvait-il être vrai qu'il ait seulement chipé çà et là les morceaux de son histoire ? En agissant ainsi, Louis n'aurait-il pas plutôt voulu dissimuler que l'île au trésor existait réellement et qu'il pensait en connaître la position exacte ?

Encore aujourd'hui, chercheurs et biographes se querellent pour savoir si Stevenson s'était inspiré de modèles existants pour son île au trésor et, si tel est le cas, desquels. Certains misent sur les îles Turks-et-Caicos, au nord d'Haïti, d'autres sur l'Isla de la Juventud à Cuba ou l'Isla de Caja de Muertos au sud de Porto Rico. D'autres croient reconnaître dans les paysages décrits par Louis les côtes californiennes, d'autres encore soupçonnent non sans absurdité que l'écrivain aurait pris pour modèle sa ville natale d'Édimbourg. Aucun n'a produit, à ce jour, preuves ni même indices pertinents.

De même, la plus romantique des légendes ne peut pas, elle non plus, être prouvée : celle selon laquelle l'idée de cette histoire d'île au trésor serait venue à Louis à la fin de 1879, lors d'une rencontre dans le port de San Francisco avec un marin unijambiste tout juste revenu d'une île lointaine où il avait en vain cherché un trésor. Hélas, en cent ans, aucun biographe n'a pu appréhender ce marin à une jambe ni trouver le bar où cette conversation aurait eu lieu. Mais on donnera ici pour la première fois la preuve que le bateau des chercheurs de trésor sur lequel l'unijambiste pourrait avoir navigué a incontestablement existé et que Louis en connaissait l'histoire.

Il est attesté qu'en cette fin d'automne 1879, Louis tuait le temps sur le port de San Francisco, attendant le jour où Fanny serait libre après avoir divorcé. En effet, elle était encore mariée à un soldat charmant et sympathique, mais instable, nommé Samuel Osbourne. Leur union remontait à l'époque où Fanny avait seize ans et où, montée sur des échasses, elle arpentait les terres de la *farm* familiale dans l'Indiana lorsque le beau lieutenant était passé sur son cheval. Il portait une barbichette d'un blond doré taillée en pointe, il était vêtu d'un manteau bleu à boutons de laiton, et il n'avait que trois ans de plus qu'elle. Ils se marièrent pour ainsi dire sur-le-champ. Au début, Fanny fut heureuse. Secrétaire particulier du gouverneur d'Indiana, Samuel Osbourne avait un bon revenu, il était blond, joli garçon, aimait rire et se montrait époux attentionné, et lorsque le 18 septembre 1858, quelques mois après le mariage, leur fille Belle vint au monde, il se révéla être un père plein de tendresse. Tout serait allé pour le mieux – si seulement une humeur des plus sombres n'était pas venue, tous les quelques mois, peser sur le tempérament radieux du beau lieutenant. Inopinément, sans cause visible, mais avec autant de régularité que le passage des saisons, la gaieté de Samuel se muait en désespoir ; pour tenter de reprendre le dessus, sa façon à lui était de couper les ponts et d'abandonner tous ceux qui lui étaient chers. Il démissionna de son emploi de secrétaire particulier et s'engagea pour les États du Nord dans la guerre de Sécession. Il tentait sa chance dans les mines d'argent du Nevada ou les forêts du Canada – ou bien il disparaissait au domicile de l'une de ses nombreuses *lady friends*. Chaque fois, Fanny restait en retrait et attendait – une semaine, trois mois, six mois, tenue à l'abri des difficultés financières par la pension alimentaire que Samuel ne manquait toutefois pas de lui verser régulièrement. Pour tromper l'ennui, elle se tourna vers les beaux-arts, commença à peindre des huiles et des aquarelles, tout en se consolant sans doute avec l'un ou l'autre de ses admirateurs cultivés – mais dès que Samuel Osbourne reparaissait enfin à sa porte, elle le laissait rentrer. Après dix ans de mariage, Fanny donna naissance à leur premier fils, Lloyd, et trois ans plus tard à Hervey, d'une délicatesse angélique et perpétuellement malade. Au bout de dix-huit ans de mariage, lorsqu'il apparut que Samuel Osbourne n'était toujours pas capable de renoncer à ses *lady friends*, Fanny décida que c'en était assez. Mais, en 1875, divorcer, pour une honorable fille de *farmer* de l'Indiana, eût été une catastrophe. Aussi le couple s'entendit-il pour que Fanny parte pour un voyage de formation en Europe, où elle suivrait des cours de peinture. C'est ainsi qu'en juillet 1875, elle et ses trois enfants s'embarquèrent à New York à bord d'un paquebot à destination d'Anvers. Samuel resta seul. Mais à peine Fanny eut-elle quitté le foyer conjugal que la *lady friend* du moment emménagea – sous l'œil sourcilleux de la voisine, Catherine McGrew, chargée par Fanny de transmettre au plus vite en Europe toute information pertinente. Arrivées à Anvers, Fanny et Belle se mirent en chemin vers l'Académie royale des beaux-arts pour s'inscrire dans la section de peinture – mais elles apprirent que les femmes n'étaient pas autorisées à étudier. Aussi poursuivirent-elles leur périple jusqu'à Paris, ville libérale où la mère et la fille furent admises à l'académie Julian. Lloyd, alors âgé de huit ans, fréquenta l'école primaire, se lia d'amitié avec des gamins de son âge et eut vite fait d'apprendre le français. Quant au délicat Hervey, il souffrit, lui, du rude automne d'Europe. Sujet à de violents accès de fièvre et à une mauvaise toux qui le tenait éveillé, il passait des nuits entières à appeler son père, à la grande frayeur de Fanny. En octobre, le pédiatre diagnostiqua la tuberculose, ne laissant guère d'espoir à la mère. En mars 1876, Fanny télégraphia à Sam Osbourne, qui se mit aussitôt en route. Trois semaines plus tard, à son arrivée à Liverpool, un télégramme l'attendait : "Il vit encore. Fanny." Sam Osbourne atteignit Paris juste à temps pour serrer dans ses bras son fils vivant. Hervey mourut le 5 avril 1876 à cinq heures du matin. Les parents affligés l'enterrèrent au cimetière du Père-Lachaise. N'ayant pas beaucoup d'argent, ils durent se contenter d'une tombe de la catégorie la moins chère, d'où les restes de Hervey furent retirés cinq ans plus tard pour être empilés dans les catacombes de Paris. Fanny et Sam passèrent quelques semaines ensemble à Paris, se promenant longuement le long de la Seine où ils cherchèrent en vain à se pardonner mutuellement. En juillet, Sam retourna en Californie.

La première rencontre de Fanny Osbourne et Robert Louis Stevenson se situe quelques semaines plus tard, dans une colonie d'artistes de Grez, près de Fontainebleau, où Fanny, Belle et Lloyd passaient l'été. Les jours de soleil, Fanny s'installait en plein air avec son chevalet pour peindre l'arche d'un pont médiéval ou des paysans au travail. Pendant ce temps, Lloyd pêchait à la ligne dans la rivière avec les gosses du village et Belle qui, à dix-sept ans, avait désormais presque la moitié de l'âge de sa mère, dont elle avait hérité la beauté méridionale, flirtait avec les nombreux jeunes artistes de la colonie, plus ou moins talentueux. Ce fut un soir de juillet, peu après le souper, qu'un nouvel arrivant pénétra dans l'auberge de l'hôtel Chevillon, non par la porte, mais par la fenêtre. Vêtu d'une veste de velours bleu et chargé d'un havresac poussiéreux, il fut salué par les acclamations des clients de l'hôtel. Fanny, elle, ne fut pas ravie de cette entrée excentrique. "Un garçon hystérique (...), écrivit-elle à l'un de ses admirateurs californiens, un Écossais long et maigre avec un visage à la Raphaël, qui s'est ruiné la santé à force de sophistication et de débauche et qui se meurt de consomption (...). Louis est l'héritier d'une énorme fortune, mais ne vivra pas assez longtemps pour entrer en sa possession. Son père et sa mère sont cousins et tous deux au bord de la folie, et je suis assez sûre qu'il en va de même du fils. (...) Je l'aime beaucoup. C'est l'homme le plus spirituel que j'aie jamais rencontré. Je souhaiterais seulement qu'il n'éclate pas en sanglots si inopinément ; c'est trop embarrassant. On ne sait pas ce qu'on doit faire, lui tendre un mouchoir ou bien regarder par la fenêtre ? Comme mon mouchoir est en général noir de fusain, je choisis la fenêtre." Fanny trouvait tout aussi déconcertants les fous rires hystériques de Louis, auxquels il ne pouvait mettre un terme autrement qu'en se tordant les doigts jusqu'à en avoir mal.

Louis non plus ne s'éprit de Fanny ni au premier ni au second regard. Il avait d'abord plutôt lorgné sa fille, qui n'avait que huit ans de moins que lui tandis que la mère en avait dix de plus. Mais Belle non plus n'était pas sensible à ses charmes. "C'est un homme laid si agréable. Je mettrais de côté le livre le plus intéressant pour parler avec lui…"

On ignore combien de mois il fallut pour que Fanny et Louis se rapprochent l'un de l'autre. Ce qui est sûr, c'est qu'il passa les mois d'hiver 1876, 1877 et 1878 à Londres et Édimbourg chez ses parents, mais les printemps, les étés et les automnes auprès de Fanny, à Paris ou dans la colonie d'artistes de Grez. Il dut plusieurs fois rester alité – en raison d'une fièvre élevée, puis à cause d'une infection de la rétine qui menaçait de le priver de la vue. Toujours Fanny était présente pour l'accueillir dans son appartement et le soigner avec une prévenance maternelle, faisant fi de sa réputation de femme mariée. Mais quand la gratitude de Louis tourna à la passion amoureuse, Fanny réserva un accueil plutôt amusé à ces avances juvéniles. Et quand le patient confié à ses soins alla jusqu'à la pousser à divorcer pour pouvoir lui-même la conduire à l'autel, elle refusa tout net ; car Fanny avait beau aimer la bohème, elle ne songeait pas à placer son destin de femme entre les mains d'un jouvenceau exalté aux perspectives professionnelles incertaines et à l'espérance de vie réduite. Elle se laissa néanmoins convaincre d'accompagner Louis à Londres pour faire la connaissance de ses amis. "Elle était une personne aussi sémillante que lui, se souvient Sidney Colvin. Petite et à la peau mate, attentionnée, dévouée. D'une silhouette solide mais souple ; ses mains et ses pieds étaient petits et parfaitement modelés, quand bien même ils n'étaient pas faits pour l'oisiveté ni habitués à elle ; la tête, ceinte d'une épaisse chevelure noire, avait une forme et un caractère rappelant un peu Napoléon par la fermeté des mâchoires et le beau dessin précis et délicat du nez et des lèvres ; les yeux étaient emplis de sensualité et de mystère, passant du feu ou de la gaîté à la tristesse ou la tendresse." Particulièrement frappante était l'habitude qu'avait Fanny de rouler ses cigarettes et de les fumer du matin au soir, ainsi que sa disposition à enseigner cette agilité des doigts à l'ensemble des dames et des messieurs de la société londonienne. Heureux, Louis imaginait l'avenir dans les couleurs les plus lumineuses.

De l'autre côté de l'Atlantique, cependant, Samuel Osbourne perdait patience. Il rappela au foyer épouse et enfants et, pour renforcer sa décision, interrompit les paiements mensuels. Fanny n'hésita pas longtemps : le 15 août 1878, après trois ans passés en Europe et peu avant le début des tempêtes d'automne sur l'Atlantique, elle retourna, *via* Queenstown et New York, en Californie aux côtés de son époux.

Louis resta à Londres, anéanti.

Ses amis s'étonnèrent qu'il puisse sombrer dans une telle mélancolie à cause d'une femme mariée aux tempes grises et un peu courte sur pattes, ayant des enfants et résidant à l'autre bout du monde ; certains crurent son tourment causé moins par un amour fervent que par le sens de l'honneur du gentleman victorien qui se croyait obligé de rester fidèle à la dame déshonorée par lui. Louis se sentait très incompris. Ne pouvant attendre le réconfort ni de ses amis ni de sa famille, il partit pour le Sud de la France parcourir en solitaire les rudes vallées des Cévennes. Il se prépara consciencieusement pendant un mois entier à ce périple. Il se fit confectionner un sac de couchage conçu par lui-même, long de presque deux mètres et large d'autant, avec une housse en toile de tente imperméable verte doublée d'une fourrure de mouton teinte en bleu, et pourvue d'une large capuche qu'on pouvait déployer comme une petite tente pour s'abriter de la pluie. Si nécessaire, deux personnes auraient pu y prendre place, ce dont Louis informa la postérité. Mais comme ce sac de couchage fut finalement si lourd que jamais le jeune écrivain n'aurait pu le porter longtemps, il fit l'acquisition, pour soixante-cinq francs et un verre d'eau-de-vie, d'une docile petite ânesse, "pas beaucoup plus grosse qu'un chien, de la couleur d'une souris", qu'il baptisa Modestine, il lui attacha le sac de couchage sur le dos et se mit en route à travers les Cévennes. La nuit, au chaud dans son sac de couchage, il confia à son journal – toujours en vue de leur utilisation littéraire – les sensations et les pensées profondes qu'il avait dans la journée : "J'étais paresseusement étendu à fumer et à m'émerveiller des couleurs du ciel, comme nous nommons le vide de l'espace, noir d'encre entre les étoiles et gris rougeâtre derrière les pins. (...) Je n'avais pas souvent éprouvé plus sereine possession de moi-même, ni senti plus d'indépendance à l'endroit des contingences matérielles. (…) Et pourtant, alors même que je m'exaltais dans ma solitude, je pris conscience d'un manque singulier. Je souhaitais une compagne qui s'allongerait près de moi au clair des étoiles, silencieuse et immobile, mais à portée de main. Car il existe une camaraderie plus reposante même que la solitude et qui, bien comprise, est la solitude portée à son point de perfection. Et vivre à la belle étoile avec la femme que l'on aime est de toutes les vies la plus totale et la plus libre."

Si douloureux qu'il fût pour lui de dormir dans un sac de couchage pour deux personnes à demi vide, il n'envoya pas une ligne à sa bien-aimée : "Je n'écris jamais à F. Tout ce qu'on peut se dire par lettre, nous nous le sommes dit. Nous nous connaissons – qu'avons-nous besoin d'approfondir cette connaissance ? Je ne pourrai pas changer au point qu'elle ne puisse plus y voir clair dans mon jeu et lire la moindre de mes pensées." Après cent vingt miles parcourus en douze jours, le journal était rempli et Modestine à bout de forces. Louis la revendit avec un petit bénéfice et retourna à Londres. Les mois suivants, il se porta candidat comme reporteur pour le *Times* de Londres et fut éconduit. Il s'essaya au théâtre et ne parvint à rien qui vaille. Il écrivit un essai sur le mariage, très académique faute d'expérience pratique. Et puis, début août 1879, un an tout juste après le départ de Fanny, il reçut un télégramme. Fanny vivait de nouveau sous le même toit que Samuel Osbourne, à Monterey, ancienne capitale de la Californie espagnole. Et elle était malade et malheureuse.

À tort ou à raison – nul ne le saura jamais –, Louis lut dans ce message un appel au secours et se mit en route aussitôt. Ne pouvant demander l'argent du voyage à ses parents, qui condamnaient sévèrement cette liaison extraconjugale, il réserva une cabine de deuxième classe bon marché dans l'entrepont d'un navire pour émigrants. La traversée de Glasgow à New York à bord du *Devonia* dura dix jours et se fit dans les tempêtes. La plupart des passagers étaient écossais, irlandais ou scandinaves. À travers les parois ténues des cabines, Louis entendait le bruit de leur vaisselle de fer-blanc, les pleurs des enfants apeurés et les gifles que leur administraient leurs parents pris de mal de mer. "Quand j'arpentais le pont et regardais autour de moi mes compagnons de voyage, je commençais, pour la première fois, à comprendre la nature de l'émigration. On imagine un jeune homme qui, dédaignant les restrictions et les secours, se fraie son chemin vers la vie ; une fort belle histoire d'ambition, de difficultés surmontées, et de succès final. Plus j'observais mes compagnons de voyage, moins j'étais porté au lyrisme. Les hommes de moins de trente ans étaient relativement rares ; beaucoup étaient mariés, et encombrés de leur famille ; ils n'étaient pas peu à avoir un certain âge. Ceux qui m'entouraient étaient pour la plupart des citoyens calmes, ordonnés, obéissants – des hommes dévoués à leur famille, brisés par l'adversité, des jeunes hommes comptant déjà les années, qui n'avaient pas réussi à se faire une place dans la vie, et des gens qui avaient connu des jours meilleurs. En un mot, je n'assistais pas à un assaut fougueux et conquérant, mais me trouvais au cœur d'une bataille perdue, jeté à terre par une armée en fuite. La classe ouvrière avait subi dans les dernières années, en Grande-Bretagne, une longue et écrasante série de défaites. J'avais vaguement entendu parler de ces revers ; de ces rues entières de maisons désertes, de ces portes de caves arrachées et brûlées pour se chauffer ; d'usines fermées et de grèves absurdes ; d'hommes sans toit et de fillettes affamées. Mais jamais je ne les avais emmenés chez moi ni ne m'étais représenté cette détresse de manière vivante. Nous étions une assemblée d'êtres mis au rebut ; l'ivrogne, l'incapable, le faible, le prodigue, tous ceux qui n'avaient su faire face aux circonstances dans leur pays s'enfuyaient maintenant pitoyablement vers un autre ; une cargaison de ratés, les hommes brisés de l'Angleterre."

Pendant ces dix jours de traversée, Louis se nourrit de soupe, de pain et de porridge, de biscuits et de whisky ; lorsque le *Devonia* entra dans le port de New York, il était plus mort que vif. Mais bien pires furent les onze jours de voyage vers la Californie, dans un train d'immigrants. Les wagons continuellement cahotés étaient comme des cages noires montées sur roues, ils étaient bondés, mal éclairés et plus mal chauffés encore. Les sièges étaient des bancs en bois nu, et les lits des planches que l'on posait sur ces bancs pour la nuit, avec des coussins garnis de paille qu'il fallait acheter auprès de la compagnie de chemins de fer en plus du billet de transport.

Cher Colvin, je suis dans le train entre Pittsburgh et Chicago ; pour l'instant, nous filons à travers l'Ohio. Je garde un œil sur un gamin dont la mère dort, tandis que de l'autre je vous écris ceci. Je suis arrivé à N.Y. dimanche soir ; lundi à cinq heures de l'après-midi, j'étais en route vers l'Ouest. Nous sommes à présent mercredi, dix heures du matin environ ; j'ai donc passé une quarantaine d'heures dans les voitures. Il est impossible de s'y étendre, ce qui doit finir par être très éprouvant. (...) Je ne soupçonnais pas combien le suicide est chose aisée. Il semble ne rien rester de moi ; je suis mort il y a un moment ; j'ignore qui peut bien continuer le voyage. (...) Un homme n'en est pas un tant qu'il n'a pas tout osé ; en ce moment même, j'ai le sentiment que c'est mon cas ; il se pourrait donc que je devienne un homme.

Le train du Central Pacific Railway franchit le Mississippi et le Missouri, traversa la grande prairie du Nebraska et du Wyoming ; il passa devant des troupeaux de bœufs, des tournesols sauvages, des fermes solitaires construites en planches ; puis une église de bois, perdue dans la plaine infinie ; puis un moulin à vent qui pompait de l'eau en gémissant ; et quand le train intercalait un arrêt pour laisser descendre dans leur nouvelle patrie des immigrés épuisés, on entendait le chant monotone de cigales par myriades. Si le soleil n'était pas trop brûlant et qu'il ne pleuvait pas non plus, Louis s'échappait de son wagon pour gagner la plateforme et se mettre au grand air. Parfois, il grimpait sur le toit pour écrire une lettre au calme. "Les rails filent à perte de vue devant et derrière moi, jusqu'à l'un et l'autre horizons. C'est avec une sérénité extrême que je savoure cette tranquillité. Oui, j'ai raison de faire ce que je fais. Je sais que personne n'en sera d'accord avec moi mais je m'en moque. Par contre, la carcasse est fort mal en point."

Le train passait à travers des steppes interminables à l'austère beauté desquels il demeurait insensible ; il franchit les Rocky Mountains dont il jugea "très décourageants" les éternels gris-brun et gris-noir ;

puis il passa par un dernier canyon et par l'Emigrant Pass pour descendre jusqu'à Sacramento River, à travers les forêts, les pommeraies, les vignobles, les champs de blé, le long de cascades, de lacs, de villes délabrées qui avaient accueilli des chercheurs d'or, et, au petit matin du 30 août 1879, il atteignit San Francisco, porte de l'océan Pacifique.

Hélas, Fanny ne fut pas vraiment enchantée de trouver devant sa porte à Monterey, sans qu'il l'ait prévenue, son "ami écrivain d'Écosse", toussant, haletant et plus hâve que jamais. Sa petite veste de velours bleu tombait, informe et élimée, sur sa silhouette osseuse, ses joues creusées laissaient voir la forme de ses dents cariées et tous ses biens terrestres se résumaient à une valise défraîchie ne contenant guère plus qu'une édition en six volumes reliés en cuir de l'histoire des États-Unis d'Amérique. La gaieté surexcitée avait laissé place à une lassitude héroïque, et il ne restait plus rien de son bavardage spirituel. Touchée, certes, qu'il ait parcouru la moitié du globe terrestre et bel et bien détruit sa santé pour elle, Fanny n'était pas sûre que cela la déciderait à divorcer de Samuel Osbourne – qui, d'ailleurs, venait alors de la quitter de nouveau pour une *lady friend*. Et en aucun cas elle n'aurait accueilli le jeune homme chez elle, à la vue de tous les voisins.

Une fois de plus, Louis fut anéanti. Il loua une chambre dans le voisinage et attendit. Il n'était pas autorisé à surgir chez Fanny les fins de semaine, car Samuel Osbourne était alors en visite pour jouer avec les enfants et tenter avec sa femme de clarifier les désarrois matrimoniaux. Lloyd et Belle devaient se rappeler jusqu'à la fin de leurs jours ces affreuses fins de semaine, avec le silence tendu à la table des repas, les murmures derrière des portes fermées, les grommellements sourds et menaçants de leur père et un bref cri désespéré de leur mère : "Oh Sam, pardonne-moi !"

Effectivement, Samuel avait bien des choses à pardonner s'il tenait aux règles de la morale sexuelle des puritains anglo-saxons ; mais Fanny tout autant. Des mois s'écoulèrent dans l'indétermination, durant lesquels Fanny compara non seulement leurs péchés conjugaux respectifs, mais aussi le charme viril de son mari avec l'attachement juvénile de son amant ; et aussi la considération dont jouit une femme mariée avec la mise à l'écart d'une divorcée ; et non moins la sécurité financière d'un greffier de tribunal américain avec les perspectives incertaines d'un jeune écrivain étranger brouillé avec ses parents fortunés. Aux voisins, Fanny tentait de faire croire que son ami écrivain n'était pas venu d'Angleterre pour elle, mais à l'occasion d'une tournée de lecture à travers les États-Unis.

Louis, de son côté, souffrait en attendant, impuissant, la décision que Fanny finirait bien par prendre un jour ou l'autre. En outre, il était sujet à des poussées de fièvre, des rages de dents, des troubles de la digestion et du sommeil et de graves accès de toux. Et, toutes ses pensées tournant perpétuellement autour de Fanny, il n'écrivait pas une seule ligne sensée. "De mon côté, pas de nouvelles, écrivit-il à son ami Charles Baxter. Je ne sais rien. Je pars aujourd'hui et resterai probablement trois semaines sous la tente… et te quitte maintenant, le désir toujours ardent et le cœur brisé." Louis loua un cheval et une carriole et partit camper dans le chaînon sauvage de Santa Lucia. Dès le premier ou le deuxième jour, il fut pris d'un fort accès maladif dont il serait peut-être mort dans la solitude si deux *rancheros* qui élevaient des chèvres angoras dans une ferme voisine ne l'avaient recueilli et soigné. "Le premier est un vieux chasseur d'ours de soixante-douze ans, qui a décroché son grade de capitaine pendant la guerre du Mexique. L'autre était de la partie en 1846 lorsque la Californie fut prise par les États-Unis. De vrais broussards l'un et l'autre – et fort gentils et agréables au demeurant. Le capitaine Smith, le chasseur d'ours, est devenu mon médecin et je lui obéis comme à un oracle."

Une fois à peu près remis, Louis fit ses adieux aux *rancheros* et rentra à Monterey, où Fanny avait pris sa décision. Elle divorcerait de Sam et épouserait Louis. Mais elle commencerait par s'installer à San Francisco pour lancer la procédure de divorce*. Louis se retrouvait une nouvelle fois seul. Fanny, en instance de divorce, devait éviter de se compromettre et fuir toute familiarité avec son amant – il n'était surtout pas question de vivre sous le même toit que lui. Louis passa donc des semaines de solitude dans l'attente du divorce, prévu pour le début de l'année 1880. Il se promena le long du Pacifique. Il ramassa des coquillages et des os de baleine. Il

* Belle, la fille de Fanny, ne l'accompagna pas dans ce déménagement. Peu de temps avant, elle s'était enfuie avec un jeune peintre nommé Joe Strong et l'avait épousé. Mais il apparut bientôt que le mari de Belle avait, comme son père à elle, un faible pour le beau sexe et qu'il était, de plus, un gros buveur. Belle devait plus tard rejoindre Fanny et Louis aux Samoa, où elle resta jusqu'à la mort de Louis. Quant à Joe Strong, lui aussi passa quelques mois aux Samoa, sous le toit des Stevenson, en vivant à leurs crochets. Mais comme on ne pouvait plus l'arracher à la compagnie des jeunes Samoanes, Belle finit par divorcer en 1892, après douze ans de mariage.

causa un incendie de forêt un jour que, pour passer le temps, il testait avec une allumette la combustibilité de la mousse espagnole dont les longues tignasses pendouillaient d'un vieux pin, sur quoi l'arbre entier prit feu en l'espace d'une seconde ; à l'arrivée des pompiers qui, occupés non loin de là à combattre un autre incendie de forêt, étaient prêts à le lyncher, Louis prit la fuite. "J'ai couru à maintes reprises dans ma vie, mais jamais comme ce jour-là. La nuit, je quittai la ville de nouveau, et je vis là mon incendie à moi, bien distinct des autres, et brûlant même, me semblait-il, avec encore plus de vigueur que les autres."

Louis prit le train à Monterey pour San Francisco où il loua une chambre meublée au numéro 608 de Bush Street. Presque totalement désargenté, il n'avait guère de perspectives pour se renflouer. Il s'était présenté à tous les quotidiens, demandant d'abord un emploi fixe, puis des travaux occasionnels, avant de soumettre sa prose, mais dans tous les cas il n'avait essuyé que des refus. Dans ces années-là, les journaux californiens ne recherchaient guère les récits de voyage ni les miniatures littéraires. Les rédacteurs et les lecteurs se souciaient davantage des nihilistes qui posaient des bombes en Russie et des attentats socialistes contre l'empereur Guillaume, des intrigues communistes en France et des révoltes contre la faim en Irlande, de l'émancipation des Juifs en Europe et du soulèvement des Boers en Afrique du Sud. Les pages locales non plus ne laissaient aucune place aux considérations poétiques, étant donné le chômage de masse et la famine, la criminalité effrénée et les pogroms qui menaçaient les immigrés chinois. Louis aurait dû écrire sur le financement des tramways et les salaires des professeurs, sur les projets de travail forcé des enfants*, sur les campagnes de protection des séquoias, sur les arguments pour ou contre une réforme des prisons ou tout du moins sur les crimes sanglants qui se commettaient quotidiennement dans la cité portuaire. Mais, à l'époque, il n'avait pas encore compris le profit littéraire qu'il pourrait tirer de tels sujets.

Comme les jours étaient longs et comme sa santé lui en laissait le loisir, il faisait de longues marches dans la ville, toujours muni de son bloc-notes. "Des rues montent et descendent tout droit les collines, d'autres font des angles droits, celles-ci au soleil, celles-là à l'ombre, dessinant un motif net d'obscurité et de lumière. Et que dire de cette lumière coupante, de l'air marin qui chante à vos oreilles, de la fraîcheur et des scintillements, (...) des vues toujours nouvelles à chaque coin de votre promenade – sur la baie, sur le mont Tamalpais, sur des rues qui descendent à pic, la ville entière qu'on aperçoit à ses pieds – et puis ces bouffées de langues étrangères, le chant de marins, les coolies chinois peinant sur le quai, le hurlement de la foule toute la journée devant la bourse..." Louis traversa la vénérable Mexican Plaza et entra dans Chinatown, où il s'étonna des

* D'après des articles de journaux, cinq mille enfants de dix à douze ans vivaient dans les rues de San Francisco ; sortis de l'école primaire sans perspective de travail, ils s'adonnaient par oisiveté à toutes sortes de vices. Un comité voulut lancer avec un capital de départ de vingt-cinq mille dollars la "Boys'and Girls' Cigar Manufacturing Company", qui astreindrait les enfants au travail et couvrirait les besoins de la ville en cigares. Mais le projet se révéla politiquement irréalisable.

caractères illisibles sur les murs des maisons et des étals des magasins d'alimentation, avec leurs poissons séchés, leurs noix bizarres et leurs fruits venus d'ailleurs. Jouxtant Chinatown, se trouvait Little Italy, "ses gargotes, apportées tout entières de Gênes ou Naples, avec leurs macaronis, flasques de chianti et portrait de Garibaldi". Il monta jusqu'à Nob Hill, "ghetto des millionnaires", où vivaient les magnats des chemins de fer et les profiteurs de la Ruée vers l'or, puis redescendit vers Little Mexico et poursuivit jusqu'au plus malfamé des quartiers, Barbary Coast. Ici, les hommes portaient ostensiblement pistolets et fusils et ne se privaient pas d'en faire usage. Sous la lumière des réverbères, des femmes outrageusement maquillées s'adossaient aux murs des maisons. C'est ici que les marins venaient en permission, dilapidaient leur solde et, s'ils ne prenaient pas garde, étaient rossés en pleine rue par des trafiquants d'hommes et traînés jusqu'à bord d'un navire en partance dont ils renforceraient l'équipage. Ce milieu, Louis le connaissait depuis Édimbourg. Il avait ses entrées, tel un habitué, dans les salles de jeux mexicaines et dans les fumeries d'opium des Chinois, il se fit introduire dans des sociétés secrètes allemandes, fréquenta les logis pour marins et des troquets et gargotes de toutes sortes. "Un jour, je déjeunais paisiblement d'une assiette d'huîtres dans un restaurant où, moins de dix minutes après que je l'eus quitté, des tirs furent échangés ; et une nuit, vers dix heures, j'aperçus un homme, à l'affût au coin d'une rue, avec un long Smith & Wesson brillant dans la main qu'il tenait derrière son dos. Quelqu'un avait fait quelque chose dont il eût mieux fait de s'abstenir."

À l'extrémité de ce quartier violent commençait North Beach. Ici soufflait le frais parfum de la mer, les mâts des bateaux à l'ancre se balançaient – ceux des gigantesques cargos européens qui avaient passé le cap Horn, des petits navires marchands de Chine, d'Inde orientale ou d'Australie, et surtout ceux des graciles goélettes des mers du Sud à fort tirant d'eau, sur lesquelles des marins à peau sombre discutaient dans leur parler doux et chantant et lançaient de leurs yeux noirs des regards bienveillants au gars maigre et pâle qui passait sur le quai.

Et puis il y avait les tavernes du port. La légende évoquée au début, si souvent reprise, dit que Robert Louis Stevenson aurait engagé la conversation dans un endroit appelé Harry White's Bar avec un loup de mer répondant au nom de Peg Leg (c'est-à-dire : Jambe de Bois) Benton, aveugle d'un œil. Ce Benton aurait parlé au jeune écrivain de cette île, la plus fameuse des îles au trésor, sur laquelle des générations de pirates avaient prétendument enfoui leurs trésors. Cette île s'appelle l'île Cocos et se situe dans l'océan Pacifique à quatre mille kilomètres au sud-est de San Francisco, non loin du Costa Rica. Il est douteux que cet homme et ce bar aient jamais existé ; ce qui est sûr, en revanche, et ce que tous les biographes de Stevenson ont omis de mentionner jusqu'ici, c'est qu'en ce mois d'octobre 1879, alors que Louis attendait que Fanny divorce, un navire transportant des chercheurs de trésor revint effectivement en Californie. Ce navire fit sensation, les journaux en parlèrent. Il n'est pas audacieux de supposer que Louis, revenu depuis quelques jours de son expédition, ait lu le *San Francisco Call* du 31 octobre 1879. L'édition portait ce gros titre :

L'OR DE L'ÎLE COCOS DEUX EXPÉDITIONS EN QUÊTE DE RICHESSES SE SOLDENT PAR UN ÉCHEC

L'île Cocos, située au large des côtes de l'Amérique centrale, est réputée jonchée de coffres pleins à craquer des trésors des boucaniers et flibustiers qui pillèrent les mers en des temps reculés. Une légende raconte que ces bons vieux pirates avaient fait de l'île Cocos leur quartier général et qu'ils coulèrent à plusieurs occasions leurs galions le long du rivage pour cacher leurs trésors sous l'eau. Maintes expéditions ont gagné l'île Cocos à la recherche de ces millions fabuleux, mais personne jusqu'ici ne les a trouvés. La goélette *Vanderbilt* qui a quitté ce port le 12 avril dans l'intention de récupérer les trésors des pirates est revenue à Santa Barbara voici une semaine avec un équipage découragé et sans or dans ses poches. (…) Ils se sont éreintés trois mois durant sous le soleil tropical, ont creusé des tunnels, des puits, des fossés. Mais toute cette peine fut inutile, et quand les réserves vinrent à se réduire, ils furent contraints d'abandonner.

Le voyage de retour, par calme plat et vent contraire, dura soixante-six jours. Les douze derniers jours, l'équipage dut vivre de farine et de thé. Pendant la traversée, une tempête arracha les deux mâts de hune de la goélette, la rendant quasi impossible à manœuvrer.

Tandis que le *Vanderbilt* était à l'île Cocos, le vapeur *Rescue* y arriva aussi, en provenance de San Francisco, également à la recherche de l'or mythique. Mais le capitaine et l'équipage perdirent bientôt courage et mirent le cap sur Puntarenas, où le navire fut vendu au gouvernement du Costa Rica.

4

L'ÎLE COCOS

L'île Cocos est difficile à trouver – si difficile que pendant des siècles la rumeur courut parmi les marins qu'elle n'existait même pas. Entourée de courants forts et traîtres, elle est en toute saison surmontée de nuages noirs et prise dans un épais brouillard aussi brûlant que de la vapeur, et son étendue, dans l'immensité bleu indigo des cent soixante-six millions de kilomètres carrés de l'océan Pacifique, ne dépasse pas deux mille quatre cents hectares. Dix des douze mois de l'année, il tombe continûment une pluie lourde accompagnée d'éclairs et de tonnerre, le reste du temps il n'y a pas un jour sans averse.

L'île doit son nom aux innombrables cocotiers dont les troncs élancés sur la côte se détachent en blanc sur le vert de la jungle. Depuis sa découverte par des explorateurs espagnols en 1535, d'innombrables flibustiers, chasseurs de baleine et explorateurs au long cours mirent le cap sur l'île Cocos pour s'y approvisionner en eau potable et remplir leurs cales de noix de coco. Beaucoup d'entre eux croisaient pendant des semaines non loin de cette île, sans discerner à travers le brouillard son cône volcanique caractéristique, culminant quand même à pas moins de six cent trente-quatre mètres. Et lorsque le timonier apercevait enfin – trop tard – la terre, le bateau se fracassait déjà contre les falaises de basalte rongées par le ressac qui émergeaient de la mer, hautes de presque cent mètres. On ne peut accoster ni par l'est, ni par le sud ni par l'ouest. Au nord seulement se trouvent deux baies, Wafer Bay et Chatham Bay, d'où l'île est accessible par des plages pierreuses.

Jamais quiconque n'a voulu vivre là – à l'exception du marin allemand August Gissler et de sa femme Clara, qui tinrent dix-sept ans dans leur cabane en rondins sur Wafer Bay et dont il sera encore question. Les versants escarpés surplombés par les pics sont entièrement couverts de forêt tropicale. Le jour ne perce jamais vraiment sous le vaste feuillage des géants de la forêt vierge, troncs et branches sont envahis par une mousse trempée et les broméliacées colonisent les racines aériennes. Partout, plantes grimpantes et enchevêtrements de lianes barrent la vue et, près du sol, un sous-bois impénétrable mêle herbes à éléphants et fougères arborescentes, plantes inextricables et ronciers vénéneux. Une pluie sempiternelle tombe en gouttes lourdes depuis les nuages noirs sur les cimes des arbres, des cimes sur les fougères, des fougères sur la mousse et le lichen, avant de dégouliner sur le sol d'argile jaune pour se rassembler en des torrents furieux qui se jettent dans la mer depuis les falaises en farouches cascades.

L'île se trouve sur une petite plaque tectonique entre la grande plaque nord-américaine et la plaque pacifique, plus grande encore. Comme les plaques se déplacent latéralement et l'une sur l'autre, séismes et éruptions volcaniques se produisent souvent aux lignes de plissement. À quand remonte, à combien de centaines de milliers d'années, le moment où l'île

Cocos, crachant le feu et la cendre, s'éleva des tréfonds de la terre, à quand celui où le vent apporta depuis le continent américain la première graine qui s'enracina dans ce sol volcanique fertile – on ne le sait pas. Bientôt, une épaisse jungle recouvrit l'île, des oiseaux égarés s'y posèrent ; des fous à pieds rouges et à pieds jaunes, des hirondelles de mer, des frégates, des mouettes, une espèce de coucou, le tyranneau d'Urich vert olive et des colibris de formes et couleurs variées. En même temps arrivèrent les insectes : papillons de nuit grands comme la paume, lépidoptères, grandes sauterelles ailées, cigales, guêpes, cafards, libellules, mouches et fourmis – des fourmis rouges. Sur chaque pierre, chaque arbre, chaque buisson, les fourmis essaiment par centaines, par milliers, et aussi sur chaque humain qui s'aventure dans la forêt. Leur instinct leur ordonne de mordre tout ce que leurs antennes touchent de chaud et vivant, et pour augmenter l'effet, leur salive contient de l'acide formique, cause de fortes démangeaisons qui durent des heures. Inoffensifs, en revanche, sont les anolis, aux écailles vert clair, bleu et orange, suspendus en grand nombre aux cimes des arbres, descendant tous sans doute de cette lézarde en gestation qui, en des temps immémoriaux, était posée sur une branche morte quelque part sur la côte d'Amérique centrale, lorsque la branche se brisa, tomba dans la mer et dériva à des centaines de milles vers l'ouest avant de rester accrochée dans les rochers de l'île Cocos. L'île ne compte pas de serpents – c'est qu'ils ne possèdent aucune extrémité avec laquelle s'accrocher aux branches vermoulues. Pas non plus de mammifères qui auraient surmonté la traversée – c'est que les animaux à sang chaud supportent l'humidité, le froid et la faim bien moins longtemps que les amphibies et les reptiles. Y prolifèrent certes des millions d'énormes rats – des rats sur la plage, dans la terre, dans l'eau, des rats jusque dans les arbres –, mais ils ont débarqué voici seulement trois ou quatre cents ans, lorsqu'un des capitaines fit enfumer la coque de son navire tandis que l'équipage était descendu sur l'île. Comme tout ce que l'île possède de terre est éternellement trempé, les rats bâtissent leurs nids au faîte des arbres, les femelles sont pleines sans discontinuer et, après une gestation de trois semaines, mettent bas jusqu'à dix-huit petits qui, bénéficiant d'une alimentation optimale et de l'absence de tout ennemi nature, sont formés au bout d'un mois.

Enfin, le cochon domestique européen a élu domicile sur l'île Cocos, et cela très exactement au petit matin du 30 juillet 1793. Ce jour-là, le *Rattler*, navire d'expédition qui explorait les eaux du Pacifique pour le compte de la flotte des chasseurs de baleines britannique, leva l'ancre dans Chatham Bay. Son capitaine, James Colnett, écrivit, soulagé : “Les quatre jours passés sur l'île nous avaient rendus fort las et tous disposés à la quitter. Aussi prîmes-nous à bord deux mille noix de coco ; en contrepartie de quoi nous laissâmes sur le rivage de la baie nord un verrat, une truie, ainsi qu'un bouc et une chèvre. Dans l'autre baie, nous semâmes toutes sortes de graines pour le bénéfice et l'agrément de ceux qui pourraient accoster là après nous. Je laissai en outre, attachée à un arbre, une bouteille contenant un message.”

Les deux caprins périrent pour avoir goûté trop goulûment à la flore abondante ; la bouteille fut prise un an plus tard par le capitaine George Vancouver, qui avait jeté l'ancre dans la baie. Mais le verrat et la truie, eux, prirent le chemin de la forêt et se reproduisirent, et leurs descendants eurent tôt fait de devenir de petits animaux sveltes et intelligents qui vivaient en hardes, avaient de méchants yeux rouges, étaient difficiles à chasser et attaquaient par l'arrière, mais dont la chair était maigre et savoureuse.

Enfin, pour parfaire le bonheur du marin en quête de nourriture, nombre d'espèces s'ébattent devant les côtes, raies mantas, thons et espadons, ainsi que requins, bonites, maquereaux, maigres, empereurs éventails, tortues aquatiques, ou encore crevettes, crabes, huîtres et autres crustacés et mollusques en nombre. Parmi les vingt mille îles que compte le Pacifique, nombreuses sont celles qui offrent une telle abondance. Mais ce qui distingue l'île Cocos et fait d'elle une véritable île au trésor, c'est sa position géographique (5 degrés, 32 minutes et 57 secondes de latitude nord, 87 degrés, 2 minutes et 10 secondes de longitude ouest), à cinq cents kilomètres au sud du Costa Rica et huit cents kilomètres à l'ouest de Panamá : hors de vue du continent américain, à l'écart des grandes routes maritimes, difficile à trouver mais, par vent favorable, accessible en deux ou trois jours de navigation – le quartier général idéal pour des pirates anglais et français ayant jeté leur dévolu sur les immenses trésors d'Amérique latine.

Dès 1684, le boucanier anglais Edward Davis, sur le *Bachelor's Delight*, apparut dans la région ; la légende raconte qu'il avait pour quartier général l'île Cocos, d'où il assaillit vingt ans durant la côte de la Nouvelle-Espagne, vers le nord jusqu'à la Basse-Californie et vers le sud jusqu'à Guayaquil. Un autre bateau de flibustiers se joignait parfois au sien, le

Cygnet et son capitaine Swan, ou le *Nicolas* et son capitaine Eaton, parfois aussi tel ou tel navire français.

C'est là aussi que Benito Bonito, l'un des plus fameux capitaines pirates des Caraïbes, le légendaire "Bonito of the Bloody Sword", aurait enfoui ses trésors. Il avait commencé sa carrière en 1814 comme capitaine d'un petit corsaire espagnol avec lequel il avait détourné un navire marchand portugais et, avec ce dernier, le *Lightning* anglais avec sa cargaison d'esclaves, dont il fit, traduisant aussitôt son nom en espagnol, le *Relámpago*. Des années durant, il sema la mort et la dévastation dans les Caraïbes jusqu'à ce que l'Amirauté britannique lance à ses trousses deux frégates et une corvette de guerre, sur quoi Benito Bonito plaça le *Relámpago* à l'abri des canons britanniques en fuyant par le cap Horn pour gagner la face pacifique de l'Amérique du Sud. En 1819, ayant eu vent que les autorités espagnoles faisait transporter à dos de mules une grande quantité d'or de Mexico City à la côte pour l'embarquer dans le port d'Acapulco et l'acheminer en Espagne *via* Manille, Bonito et ses hommes accostèrent dans une baie déserte, attendirent le cortège de mules, firent une hécatombe parmi les soldats qui l'accompagnaient et – dit la légende – disparurent avec l'or à l'île Cocos.

Il n'y a aucun doute que la petite île au large des côtes du Costa Rica est la mère de toutes les îles au trésor. Nulle part au monde on ne soupçonne autant de trésors cachés que sur ce bout de terre long d'à peine quelques centaines de mètres le long de Chatham Bay et Wafer Bay. Si elles étaient authentiques, toutes ces cartes de chercheurs de trésors qui, depuis deux siècles, ont circulé et ont été échangées, reproduites et revendues pour de fortes sommes dans d'obscurs bars portuaires, de louches boutiques de livres anciens et de crasseuses chambres de marins, alors le premier coup de bêche devrait toucher dans le mille. Mais celui qu'on a recherché avec le plus de ferveur, le plus grand et le plus précieux de tous les trésors de pirates, est celui dont on suppose qu'il se trouve à l'île Cocos depuis sa disparition : le trésor ecclésiastique de Lima. Depuis près de deux siècles toute trace de lui est perdue.

Au début du XIXe siècle, la révolte des peuples opprimés se répandit en Amérique comme une traînée de poudre. Les treize colonies anglaises d'Amérique du Nord avaient déjà secoué le joug de l'Ancien Monde. Au Mexique, la lutte pour l'indépendance faisait rage, en Amérique du Sud les armées révolutionnaires volaient de victoire en victoire. Les grands d'Espagne, qui perdaient une province après l'autre, se retirèrent à Lima, capitale de toutes les capitales de l'Amérique espagnole et, à l'époque, l'une des villes les plus riches du monde. C'est de là que l'or des mines du Pérou partait pour l'Espagne, ainsi que l'argent des mines du Mexique et une grande partie des trésors dérobés aux Incas, aux Mayas et aux Aztèques trois cents ans durant. Mais en août 1821, la panique régnait à Lima. Attaquant depuis le nord, les troupes de Simón Bolívar, en haillons mais victorieuses, approchaient ; de l'est arrivait, traversant les Andes, le général José de San Martín ; et à l'ouest, sur l'océan, la flotte chilienne placée sous le commandement de l'excentrique Britannique Lord Cochrane, Earl of Dundonald et ancien amiral de la Royal Navy, préparait un blocus maritime. C'était, semblait-il, une question de jours et d'heures : des hordes de métis malpropres et d'esclaves nègres échappés allaient inonder la vénérable Plaza de Armas. Lima avait beau être gardé par des dizaines de milliers de soldats espagnols fidèles à la couronne, ces gaillards amollis et peu dignes de confiance ne résisteraient pas longtemps. Évacuer la population était impossible. Dans cette situation, l'évêque, le vice-roi et le gouverneur s'accordèrent pour placer en sécurité au moins les trésors sacrés et profanes entreposés dans la cathédrale, dont l'accumulation était le fruit de trois cents ans d'efforts. C'est ainsi que, sous les yeux ébahis de la population, le trésor ecclésiastique de Lima quitta à dos de mules les catacombes de la cathédrale et, arrivé au grand jour, fut chargé sur des charrettes à bœufs : d'imposantes armoires en bois de cèdre et des caisses parées de joyaux, des statues de madones, des crucifix et quantité d'os de saints ainsi que d'innombrables éclats de la croix du Christ. Dans certaines caisses, raconte-t-on, on pouvait s'enfoncer jusqu'au genou dans les perles et l'opale, les grenats, diamants, améthystes, rubis rouge sang et saphirs d'un bleu éclatant ; d'autres étaient remplis d'épées et de couronnes royales serties de pierreries ; mais dans la plus grande d'entre elles était entreposée, grandeur nature et en or massif, la statue de la Sainte Mère de Dieu avec son Enfant.

Sur des charrettes à bœufs et à dos d'ânes, ces richesses furent descendues, sur huit kilomètres, jusqu'au port de Callao. Quelques navires seulement s'y trouvaient encore ; la plupart avaient fui devant la flotte des rebelles qui mouillaient à portée de vue, tenus à distance par l'unique navire de guerre espagnol à être resté, l'*Esmeralda*, qui défendrait la capitale avec son dernier boulet de canon. À part cela, il n'y avait qu'un petit brick britannique, le *Mary Dear*, aisément manœuvrable et assez rapide pour échapper à la flotte chilienne. Son capitaine se nommait William Thompson. Sur les côtes d'Amérique du Sud, on le tenait pour un négociant sérieux et fiable – et peut-être le serait-il resté si, dans les heures qui suivirent, l'un des plus fabuleux trésors sur lequel un homme ait jamais posé les yeux n'avait été chargé à bord de son navire et confié de force à sa garde.

Les distingués Espagnols donnèrent pour consigne au capitaine Thompson de conduire le *Mary Dear* en haute mer et de croiser par-delà l'horizon ; si Lima tombait aux mains des rebelles, il devrait mettre le cap sur le port de Panamá, qui était sûr ; dans le cas contraire, il lui faudrait rentrer à Lima. Thompson et son équipage fort de quatorze hommes s'empressèrent de remplir la première partie de la mission : le *Mary Dear* disparut à l'horizon avec le trésor ecclésiastique. Mais il ne réapparut pas, pas plus devant Lima que devant Panamá. Soit que l'équipage, qu'on avait forcé à tant d'intimité avec une telle quantité d'or, se fût mutiné, contraignant son capitaine à la piraterie, soit que Thompson eût lui-même succombé à la tentation – toujours est-il qu'ils tranchèrent la gorge des quelques ecclésiastiques et soldats espagnols qui escortaient le trésor et jetèrent leurs cadavres par-dessus bord. Après quoi le *Mary Dear* disparut dans l'immensité de l'océan Pacifique.

Où alla-t-il donc, ce bateau ? On peut supposer que le capitaine Thompson et son second mirent le cap sur une île inhabitée du nom de Cocos et, à l'aide de canots, déchargèrent le trésor à terre pour l'enfouir à un endroit secret mais facile d'accès. On peut encore supposer que, cette tâche accomplie, ils remirent les voiles vers l'est en direction du sous-continent sud-américain ; et on peut enfin supposer que juste avant le moment où la côte fut en vue, le capitaine Thompson fit descendre ses hommes dans les canots et mit le feu au bateau. Car le *Mary Dear* était désormais un navire hors la loi, marqué au fer, sur lequel il n'aurait pu entrer dans aucun port du monde sans être aussitôt arrêté par les autorités. Aussi Thompson et ses quatorze hommes gagnèrent-ils la terre ferme en ramant et se laissèrent-ils capturer par une frégate espagnole devant la côte costaricaine pour retourner à Lima et informer le vice-roi que le *Mary Dear*, ayant subi une avarie, avait malheureusement coulé au fond de l'océan avec le trésor ecclésiastique tout entier.

Le plan était joliment ourdi, mais ne fonctionna pas. Car, dans l'intervalle, la mer avait ramené sur le rivage les dépouilles mortelles des soldats et des moines assassinés. Les gorges tranchées et la simultanéité évidente de leur trépas ne permettaient guère de conclure à une mort naturelle. Sous la torture, le timonier, le quartier-maître, le menuisier, le cuisinier et neuf marins eurent vite fait d'avouer, de manière concordante et on ne peut plus crédible, qu'ils avaient enterré le trésor sur une île, l'île Cocos. Mais ils furent incapables de dire où, sur la vaste mappemonde divine, cette île se trouvait, car aucun d'entre eux ne savait lire ni écrire, et encore moins naviguer. Seul le capitaine Thompson et son second s'y connaissaient en longitudes et latitudes. Eux seuls pouvaient savoir où le trésor se trouvait. Aussi le vice-roi espagnol fit-il pendre les treize marins et épargna, dans un premier temps, le capitaine et son second.

Des semaines plus tard, Thompson et le second conduisaient un navire d'expédition espagnol à mille milles vers le nord-ouest jusqu'à l'île Cocos. Mais, à peine eurent-ils touché la terre que les deux pirates disparurent dans la nature, et les Espagnols furent bien incapables de les retrouver. Les soldats en eurent bientôt assez de la traque dans cette jungle infestée de rats ; et au bout de quelques jours, quand les provisions se firent rares, le commandant abandonna à la nature hostile le soin d'exécuter la sentence de mort contre Thompson et le second. Il regagna le bateau avec ses hommes et rentra à Lima. Dans les mois qui suivirent, le vice-roi envoya à l'île Cocos encore au moins deux expéditions lourdement armées pour retrouver les pirates et le trésor. Elles ne donnèrent rien.

Thompson et le second tinrent six mois sur l'île Cocos. Et puis, le baleinier britannique *Captain*, qui était apparu à l'horizon, accosta vraiment pour se ravitailler en eau. Le capitaine crut les deux hommes lorsqu'ils se présentèrent comme d'innocents naufragés, il les prit à bord et les déposa sur le continent américain. Ils disparurent sans laisser de trace et ne devaient pas refaire surface pendant plus de vingt ans.

Mais, en 1845, à Saint John's à Terre-Neuve, un dénommé Thompson gisait sur son lit de mort. Personne ne peut affirmer avec certitude qu'il s'agissait de l'ancien capitaine du *Mary Dear*. À son chevet se trouvait un gars nommé John Keating, auquel Thompson aurait chuchoté, dans son dernier souffle, à quel endroit de l'île Cocos se trouvait enfoui le trésor de Lima. Sur la foi de ces indications, Keating dessina une carte du trésor : la mère des cartes du trésor qui circulent depuis par centaines.

La suite est un tissu de légendes. D'aucuns affirment que John Keating, avec son associé, Bogue, aurait affrété un navire, contourné le cap Horn et rejoint l'île Cocos où il aurait effectivement découvert une grotte pleine d'or et de pierres précieuses, et serait rentré à Saint John's avec des doublons d'Espagne d'une valeur de sept mille, quarante mille, voire cent mille dollars ; auparavant, il aurait – sur ce point, les versions divergent – passé Bogue par-dessus bord, l'aurait abattu ou l'aurait enterré vivant dans la grotte remplie d'or, ce qui, dans ce dernier cas, signifierait que son squelette a veillé sur le trésor jusqu'à aujourd'hui. D'autres versions prétendent que Keating serait retourné une deuxième, puis une troisième fois sur l'île Cocos, et, désormais fortuné, aurait acquis de vastes domaines fonciers et un yacht sur lequel il aurait fait naufrage en 1868 près de Codroy Village, Terre-Neuve, après quoi il aurait révélé par gratitude le secret de l'île au trésor à son timonier Nicolas Fitzgerald qui lui avait sauvé la vie. Mais d'autres encore seraient entrés en possession d'une carte du trésor : le gendre de John Keating ainsi que sa jeune épouse et son amant, et aussi le frère de ce dernier et le fils de ce frère et, après la mort de Keating, le nouvel époux de sa veuve.

Les initiés toujours plus nombreux ayant mis eux-mêmes encore plus de gens dans la confidence, le secret se répandit au milieu du XIXe siècle comme une traînée de poudre. Personne ne sait combien d'aventuriers ont accompli le long et coûteux voyage vers l'île Cocos avec leur carte du trésor. De temps à autre, l'un d'eux verrouillait sa maison et disparaissait sans laisser de trace. Pour certains, on ne les revit jamais, d'autres revenaient après des semaines ou des mois, penauds, d'autres encore se vantaient d'avoir découvert des trésors que l'adversité les avait contraints à abandonner sur place. Quelques rares initiés, résistant à la tentation, restèrent chez eux et gagnèrent honnêtement leur vie. Ainsi le vaillant timonier Fitzgerald, qui avait sauvé Keating après son naufrage, passa-t-il le restant de ses jours à pêcher le cabillaud à Terre-Neuve. Autour de 1870, se trouvant lui-même en situation de détresse en mer, il avait été sauvé par un navire de guerre britannique et, par gratitude, avait offert la carte du trésor à son sauveur, l'amiral Curzon Howe. Ce dernier la remit alors – et ceci est historiquement prouvé – au célèbre pilote automobile anglais Sir Malcolm Campbel. Campbel dépensa plusieurs centaines de milliers de dollars pour équiper une expédition qui jeta l'ancre le 27 février 1926 dans Chatham Bay, d'où elle repartit quatre mois plus tard, déçue. Sir Campbel n'en est pas moins entré dans l'histoire comme étant le premier chercheur de trésor à envisager d'utiliser des détecteurs de métaux. Pour tester les appareils développés à sa demande, il fit enfouir dans le vaste terrain s'étendant devant son garage toutes sortes de pièces détachées de moteur et de roues de secours – tout cela y repose encore aujourd'hui, car les détecteurs de métaux n'étaient pas encore au point à l'époque.

Depuis, cartes de trésor, lettres et esquisses ont vu le jour par centaines après avoir, dit-on, séjourné pendant des décennies dans des tiroirs poussiéreux, derrière des toiles ou dans les rayonnages de bibliothèques oubliées, et toutes sont censées être authentiques ou, du moins, des copies authentiques d'originaux qu'auraient possédés à un moment ou un autre Thompson, Keating, Bogue, Hackett ou Fitzgerald. Depuis 1850, il n'a pas dû s'écouler une année sans qu'un aventurier ne se soit éreinté à chercher le trésor sur l'île Cocos, ni sans doute un seul jour où une personne quelque part sur terre ne se soit crue en possession des informations les plus confidentielles qui conduiraient à coup sûr directement aux trésors des pirates. Nul ne sait combien de centaines de bateaux ont fait depuis le voyage de l'île Cocos ni combien d'hommes ont accosté dans les baies de Chatham ou de Wafer pour se jeter sur la plage avec pelles et pioches, se faire piquer par les moustiques et mordre par les fourmis avant d'en repartir au bout de quelques jours, semaines ou mois. Parfois, il s'agissait d'écoliers qui gagnaient le large en ramant et qui, s'ils réussissaient à traverser, devaient, au plus tard à leur retour, être sauvés par l'US Navy ou les garde-côtes costaricains. Souvent, ce furent de riches propriétaires de yacht avides d'un moment d'excitation entre les plages d'Acapulco et de Tahiti. De temps à autre, des solitaires fantasques se faisaient déposer sur l'île pour sonder le sol avec une baguette de sourcier ou un pendule. On rapporte aussi qu'un médium allemand, une dénommée Margo Schneider, aurait fait le voyage pour entrer en contact avec l'esprit de Benito Bonito. D'autres menaient cette quête du trésor avec un sérieux scientifique, développant de nouveaux instruments à infrarouges, à ultrasons ou électromagnétiques avec lesquels ils s'embrouillaient irrémédiablement dans les lianes de la jungle. Et puis il y eut ces chercheurs de trésor débarquant avec des dizaines de journaliers indiens qui devaient piocher et creuser pour eux ; plus tard encore, on employa des bulldozers américains et des barres de dynamite. Il arriva que deux ou trois navires mouillent en même temps dans

Chatham Bay ; leurs équipes de recherche se battaient alors sur le rivage avec des cartes contradictoires, faisaient des trous à l'explosif, envoyant ainsi des morceaux de rocher voler aux oreilles de leurs concurrents, et se menaçaient mutuellement avec couteaux et armes à feu.

Et pour finir, il y eut ces aventuriers en costumes à fines rayures qui créèrent des sociétés par actions aux noms prometteurs tels que Cocos Expedition (San Francisco, 1854), Hidden Treasure Company (New York, 1873), Clayton Metalphone Ltd (Vancouver, 1931) ou Treasure Recovery Ltd (Londres, 1934). Certains d'entre eux équipèrent vraiment des expéditions et affrétèrent des bateaux ; d'autres ne quittèrent jamais la terre ferme recouverte de tapis moelleux dans des salles de réunion bien chauffées. Conformément à la nature de ces sociétés, les cours de leurs actions étaient très volatils. En règle générale, elles perdaient constamment de la valeur tant que le succès n'était pas au rendez-vous. Mais il pouvait arriver tout d'un coup que quelques articles fort intéressants paraissent dans les journaux et que telle ou telle rumeur coure dans les cercles boursiers, entraînant une hausse vertigineuse des cours, qui retombaient ensuite au trente-sixième dessous, quelqu'un s'étant avisé avec prudence de céder un assez gros paquet d'actions.

Le *New York Times* écrivait ainsi le 1er décembre 1897 :

> On est en droit de supposer que le trésor de l'île Cocos, estimé à 30 millions de dollars, se trouve désormais en sûreté à bord du croiseur britannique

Amphion. C'est ce que permettent de conclure les informations données depuis le Guatemala par la canonnière américaine *Alert*. (...) Il semblerait que l'amiral Pallister ait ordonné à ses hommes de creuser à un certain endroit, ce qui leur permit de dégager à une profondeur de six pieds environ une grande dalle de pierre qui devait porter autrefois une sorte d'inscription. Le trou se remplissait d'eau continuellement, les fouilles se révélèrent très compliquées. La dalle de pierre ayant été enfin ôtée, une sorte de tunnel apparut, mais ses parois s'effondrèrent aussitôt, manquant d'ensevelir plusieurs hommes. Le lendemain, une charge d'explosifs fut placée à cet endroit, ce qui causa des difficultés encore plus grandes.

Trois bons mois plus tard, le 13 mars 1898, on pouvait lire cette information :

> Comme il apparaît à la lecture de la lettre d'un marin de l'équipage du navire royal britannique *Amphion*, la recherche du trésor sur l'île Cocos, prétendument couronnée de succès, s'est tout de même révélée être un échec. Après avoir creusé pendant dix jours, les hommes n'ont rien trouvé.

Sans cesse, de grands espoirs se changeaient en amères déceptions, et les plus vieux amis devenaient les pires ennemis. Innombrables sont les hommes qui sacrifièrent leur santé physique et mentale, leur fortune et les meilleures années de leur vie à ce lopin de terre. Les plus heureux des chercheurs de trésor furent ceux qui firent le voyage pour leur seul plaisir. L'un d'eux fut le président américain Franklin

Delano Roosevelt qui, en voyage d'agrément sur le cuirassé *USS Houston*, autorisa son escorte le mercredi 9 octobre 1935 à fouiller le sol de l'île Cocos pendant quelques heures. Tandis que sa suite allait à terre, Roosevelt, paralysé des membres inférieurs à la suite d'une poliomyélite contractée à l'âge de trente-neuf ans, resta sur le bateau pour pêcher à la ligne. Il prit un espadon de soixante kilos. Le président fit expédier le poisson sur de la glace jusqu'à Washington où, une fois empaillé, il fut accroché à la Maison Blanche.

En 1968, le gouvernement du Costa Rica décida de ne plus délivrer d'autorisations de fouilles aux chercheurs de trésor et plaça sur l'île une troupe de gardes nationaux. Cela ne fit pas tarir le flot d'aventuriers ; certains se faisaient conduire secrètement jusqu'à la côte sud, non surveillée, par des chalutiers ou des pêcheurs de langoustes, puis nageaient jusqu'au rivage ; d'autres se procurèrent à prix d'or des autorisations spéciales, d'autres encore, pour accéder à l'île, se firent passer pour des plongeurs, des ornithologues ou des botanistes. Dans les années 1960, trois jeunes Français se dirent que le trésor pourrait ne pas être caché dans l'une des deux baies accessibles à la navigation mais, au contraire, à l'extrémité opposée de l'île, près des périlleuses falaises basaltiques. En 1978, un soldat costaricain découvrit au milieu de la jungle l'épave d'un bombardier de l'US Airforce porté disparu depuis 1943. En décembre 1980, Richard Gissler, fabricant de carton ondulé à Jülich, qui avait hérité de son grand-oncle August Gissler une carte de trésor, séjourna quatre jours sur l'île avec sa fille Claudia. En 1982, l'aventurier munichois Reinhold Ostler accosta avec trois amis et une tonne et demie de bagages, dont une bonne partie consistait en un lot de mille canettes de bière offertes par une brasserie munichoise. Mais les détecteurs de métaux qu'ils avaient apportés n'eurent eux non plus guère d'utilité. Depuis l'époque de Sir Malcolm Campbell, l'industrie avait beau avoir développé des appareils bien plus fiables et meilleur marché, les cohortes d'aventuriers venus à l'île Cocos depuis y avaient laissé tant de pioches, pelles et boîtes métalliques que les appareils signalaient du métal à chaque pas.

Aujourd'hui, les alentours des baies de Chatham et de Wafer sont parsemés de signes mystérieux : inscriptions énigmatiques sur les troncs d'arbres centenaires, petites flèches sur les parois rocheuses et croix sur des planches de navires rongées par les intempéries. Les chercheurs de trésor ont creusé dans le sol de la jungle des centaines de fosses profondes de plusieurs mètres, pour certaines d'entre elles recouvertes par la végétation, et l'on a vite fait de s'y casser une jambe. À l'orée de la jungle se dressent des baraques à divers stades de délabrement, et les plages ne comptent plus guère de galets d'une certaine taille sur lesquels un chercheur de trésor bredouille n'ait immortalisé son nom.

5

L'ÎLE AU TRÉSOR

PENDANT DES SEMAINES, Louis dut tuer le temps sur le port de San Francisco, attendant le jour où serait prononcé le divorce de Fanny. Deux ans devaient encore passer avant la rédaction de *L'Île au trésor*. Il toussait, était sujet à des accès de fièvre, et sa dentition gâtée lui causait des douleurs indicibles. Il passa le soir de Noël tout seul dans un restaurant bon marché ; quatre jours durant, il ne parla pas à âme qui vive, sinon sa logeuse. Pécuniairement parlant, les perspectives étaient sombres. Le peu qu'il lui restait d'argent fondait, il ne pouvait en attendre de nulle part, ni espérer aucun secours de ses parents rigoristes ; il était bien plus vraisemblable qu'ils déshéritent Louis parce qu'il vivait dans le péché avec une femme mariée. "Qu'ils me déshéritent, cela me va très bien… j'ai toujours tenu l'argent hérité pour moralement douteux. Me voici une fois pour toutes débarrassé de ce problème."

Louis réduisit ses dépenses d'alimentation quotidienne de quarante-cinq à vingt-cinq cents. Il retourna faire des visites aux rédactions de journaux pour se présenter. Il commença une pièce de théâtre intitulée *L'Ardoise*, mais l'abandonna vite. Il finit par demander à son ami Charles Baxter de vendre tous les livres qu'il avait à Édimbourg et de lui envoyer le produit de la vente en Californie.

Enfin, en janvier 1880, le divorce fut prononcé entre Fanny et Samuel Osbourne, laissant à Louis la voie libre pour convoler. Mais c'est aussi en ces jours-là que pour la première fois il cracha du sang, un bon demi-litre. Le sang qui remplissait sa bouche l'empêchait de parler. Le médecin appelé en urgence diagnostiqua une tuberculose au stade terminal – condamnation que le malade accueillit avec une surprenante placidité. "Je sais bien que je ne suis ici qu'à l'essai. Si je passe l'hiver prochain, j'aurai des raisons d'avoir confiance ; d'un autre côté, il est tout aussi possible que je ne sois plus là au printemps prochain. Il est donc d'autant plus important pour moi que Fanny fasse la connaissance de mon père et de ma mère ; Dieu merci, ils sont fortunés, et, même après ma mort, elle se trouvera mieux qu'elle ne l'a jamais été dans sa vie."

Mais le printemps 1880 arriva et tout s'arrangea ; car, chez Louis, en Écosse, ses parents avaient appris par les journaux que leur fils unique était mortellement malade en Amérique. Ils furent horrifiés. "Nos lettres et les vingt livres que nous t'avons envoyées nous ont été retournées de New York", écrivait son père. Quant à sa mère, elle blâmait Louis de prendre "de tels risques" et conseilla à son fils désargenté de reprendre des forces en buvant régulièrement du champagne. "Sache que, tant qu'il nous restera un penny, tu ne manqueras de rien." Quant à la future bru, maintenant que du moins elle avait divorcé et se retrouvait pour ainsi dire célibataire, Margaret et Thomas Stevenson la considéraient avec davantage de clémence – d'autant plus que, Dieu soit loué, elle n'était pas à Édimbourg, mais à dix mille kilomètres. Margaret informa son fils que sa fiancée était la bienvenue chez eux. Les convenances, suggéra Thomas, exigeaient qu'on respecte le plus long délai possible entre le divorce et un remariage. Et pour finir, il informa Louis par télégramme qu'il lui ferait verser dès lors une pension annuelle de deux cent cinquante livres et qu'une partie de cette somme était déjà en route.

Louis commença par se faire arracher toutes ses dents cariées et confectionner un dentier. Il acheta deux sobres alliances en argent et se procura l'autorisation de mariage. Il loua un logement décent pour Fanny, Lloyd et leurs chevaux et informa Samuel Osbourne qu'il le déliait de toutes ses obligations financières. Un soir de printemps, début mai, il alla avec Fanny voir l'opéra-comique *The Pirates of Penzance*, qui se jouait tous les soirs à guichets fermés au Bush Street Theater. Et le 19 mai 1880, Robert Louis Stevenson et Frances Mathilda Osbourne, née Van de Grift, furent mariés au numéro 521 de Post Street, domicile du révérend William Scott. Le prêtre était écossais, presbytérien, et avait par ailleurs tout pour plaire à Louis ; dans sa jeunesse, après avoir été aumônier sous Abraham Lincoln dans la guerre contre les Indiens de Black Hawk, il avait gagné sa vie pendant plusieurs années comme cavalier de rodéo dans le Tennessee avant de s'installer en 1852 à San Francisco, d'y construire deux églises et d'écrire onze ouvrages de religion. On peut supposer que ce prêtre, qui avait vécu, se montra affectueux, en tout cas indulgent, envers ce couple qu'on aurait pu prendre pour une mère et son fils. Car, au moment de remplir l'acte de mariage, à la rubrique “état civil”, il épargna à la mariée – peut-être à sa demande expresse – l’inscription stigmatisante “divorcée” et eut l’amabilité d’indiquer “veuve”. Qui sait si Fanny et Louis n’allèrent pas jusqu’à dicter aux journalistes ce qu’ils devaient écrire. Le faire-part de mariage paru le 22 mai 1880 dans l’*Oakland Tribune* nomme la mariée “Miss Fannie Osbourne, of Oakland”.

Même après le divorce, Samuel Osbourne continua à entretenir des liens amicaux et paternels avec Fanny et ses enfants. Il subvenait sans faillir aux besoins de Lloyd, encore mineur, et lui écrivait chaque semaine des lettres chaleureuses où il s’enquérait de la santé de Fanny. Trois ans plus tard, il épousa à San Francisco une jeune fille nommée Rebecca Paul, qu’il surnommait Pauly. Il continuait à vivre de son métier de greffier au tribunal, jusqu’à ce jour du 28 mars 1887 où il prit manteau et chapeau pour se rendre à son travail, demanda à Pauly sur le seuil de la maison de lui préparer son déjeuner – et ne revint jamais. Sa disparition fit des vagues dans la presse. Les uns subodoraient une liaison, d’autres un enlèvement, et quelqu’un alla jusqu’à affirmer que Sam avait été vu en Afrique. Mais quelques mois plus tard, toutes les rumeurs finirent par cesser lorsqu’on retrouva sur la plage un ballot de vêtements abîmés par les intempéries. Personne ne put affirmer avec certitude que c’était ceux de Samuel Osbourne ; mais ses amis étaient convaincus que ce grand solitaire s’était noyé volontairement.

Quant à Fanny et Louis, le jour de leurs noces fut le début d’une odyssée de dix ans qui les fit parcourir trois continents et la moitié du globe, d’un sanatorium à l’autre, aller deux fois d’Écosse dans les Alpes et en revenir, puis dans le Midi de la France et traverser d'un bout à l'autre le continent américain – un long voyage sans répit, qui ne devait s'achever qu'en ce matin de décembre 1889 où l'*Equator* atteignit le rivage des Samoa. Il n'est pas un jour de leur vie de couple qui n'ait été marqué par la maladie de Louis et la sollicitude à la fois stricte et maternelle de Fanny ; nul n'a témoigné avoir jamais vu ce couple insouciant, amoureux, passionné ou tendre. Mais nul n'a constaté non plus les signes d'une brouille conjugale qui aurait duré plus qu'un jour ou une nuit, car, en dépit de toutes leurs différences, ils étaient fidèlement dévoués l'un à l'autre ; Louis, artiste égocentrique dont l'état de santé dictait la vie d'une famille entière mais qui, dans les choses du quotidien, se pliait à la volonté de sa femme ; Fanny, matrone despotique qui se vouait humblement à la tâche de sauver jour après jour la vie du fragile jouvenceau. Fanny décidait des repas de Louis, négociait avec les médecins, décidait de telle ou telle cure. Elle enrageait lorsque ses amis s'attardaient le soir, elle veillait à ce qu'il s'habille chaudement pour sortir. Il n'y a qu'une chose à laquelle cette fumeuse invétérée ne songea jamais : qu'enchaîner les cigarettes du matin au soir tous les jours de l'année pouvait nuire à ses organes respiratoires mal en point.

En ce mois de mai 1880, le râle qui sortait des poumons de Louis ne laissait toujours pas d'être inquiétant, et Fanny décida qu'il n'était pas raisonnable de passer la lune de miel dans l'air marin brumeux de San Francisco. Louis était trop faible pour voyager ; et l'argent manquait pour une cure dans la station thermale de Calistoga, non loin de là, au pied du mont Helena. Louis, Fanny et Lloyd s'installèrent donc pendant deux mois, gratuitement, encore plus haut, dans la montagne, dans une mine d'argent à l'abandon. Les derniers ouvriers avaient dû en partir cinq ou dix ans plus tôt. Il ne subsistait qu'un profond canyon, une vue à couper le souffle et, accrochée au versant, une plateforme en bois surmontée d'une baraque. Le sol était jonché de bois vermoulu et de fer rouillé, et sous l'herbe, des rails conduisaient jusqu'à des puits effondrés où soufflait un vent froid et humide. La baraque contenait de vieux vêtements, des outils déglingués, des meubles renversés. Fanny se mit aussitôt au travail. En énergique maîtresse de maison qu'elle était, elle remit tout à sa place, reclouant tel objet, accrochant tel autre au mur, puis elle balaya, lessiva, nettoya, jusqu'à donner à la baraque un air à peu près habitable. Louis, qui avait grandi entouré de domestiques, ne lui était pas d'un grand secours. Après un coup d'œil rapide, il arracha un petit sumac qui poussait entre les lattes du plancher, puis, laissant sa femme faire le reste, il se mit à contempler les alentours. La région, nota-t-il avec enthousiasme dans son bloc-notes, comptait “boucs, ours et serpents à sonnette”.

L'air brûlant et sec des montagnes eut vite fait de le requinquer. Chaque jour, il cogitait pendant quatre ou cinq heures sur ses manuscrits, sans grand résultat il est vrai. Fanny, veillant maternellement à ce qu'il évite les efforts excessifs, lui interdisait toute promenade. De jour en jour, il toussait moins, mangeait davantage et prenait même du poids. “Je vais vraiment mieux, écrivait-il le 30 juin à sa mère. Je n'ai le droit d'absolument rien faire, pas de m'éloigner de la maison ni de travailler le moins du monde…” Quelques jours plus tard, Fanny écrivait de son côté à sa belle-mère : “Quant à la mine de mon cher garçon, elle s’améliore merveilleusement de jour en jour. J’imagine qu’à l’instant où vous le reverrez, vous aurez du mal à imaginer qu’il ait jamais été malade. Je me donne toutes les peines possibles pour bien m’occuper de lui ; le vieux docteur dit que mes soins lui ont sauvé la vie.”

Fin juillet, Fanny, Louis et Lloyd se mirent en route pour le long voyage vers l’Écosse. La générosité des parents leur permit de voyager en première classe – en wagons-lits de San Francisco à New York, en cabine supérieure sur le *City of Chester* pour la traversée de l’Atlantique. Le 17 août 1880, tout juste un an et dix jours après son départ à bord du *Devonia*, Louis était de retour chez lui. Au port de Liverpool l’attendaient Margaret et Thomas Stevenson, prêts à le serrer dans leurs bras pour la réconciliation.

Une autre année devait encore s’écouler avant que Louis ne fasse son entrée dans la littérature universelle. Une écharpe autour du cou, les jambes emmitouflées dans une couverture, il resta assis au coin du feu dans un cottage que ses parents avaient loué pour l’été à Braemar dans les Highlands. “Je suis désormais de retour sur ma terre natale avec, dehors, un vent et une grêle aimables, et je me rapproche constamment du feu.” En cet été 1881 qui, même pour l’Écosse, fut exceptionnellement pluvieux, la santé de Louis s’était de nouveau dramatiquement dégradée ; le médecin lui avait interdit de sortir par un temps pareil. Semaine après semaine, assis sagement près de la cheminée, il écrivit et il lut, il lut et il écrivit ; et lorsque malgré cela il continua à cracher le sang, le médecin lui interdit de prononcer le moindre mot pendant la première partie de la journée. S'il avait à dire quelque chose d'urgent, il s'exprimait dans une langue des signes de son invention. La demeure devint silencieuse. Fanny tenait la maison avec la mère de Louis ; Thomas, le père de Louis, passait la journée à l'extérieur ; quant à Lloyd, désormais un garçon de douze ans qui avait bien poussé, il passait le temps en dessinant et en faisant des aquarelles. Seul le skye-terrier que Fanny avait reçu en cadeau de mariage de Walter Simpson, un ami de Louis, mettait un peu d'animation. Ce petit chien mignon, vif et mal éduqué, Fanny le baptisa du nom de son donateur, Walter, ce qui devint plus tard Woggs, Woggy, Watty ou Wiggs.

Ce dut être en l'un des derniers jours du mois d'août 1881 que Louis emprunta à Lloyd du papier et un crayon pour réaliser lui-même un dessin. Il dessina une carte. Une petite île, inhabitée, "qui pouvait avoir neuf miles de long sur cinq de large ; sa forme était à peu près celle d'un gros dragon sur ses pattes de derrière ; on y remarquait d'abord deux ports naturels, presque entièrement fermés par les terres, et au centre une colline désignée comme « la Longue-Vue »". Une goélette à trois mats mouillait dans l'une de ses baies. De forts courants la longeaient à l'ouest et au sud, rendant l'accostage quasiment impossible, et les vagues déferlaient contre des falaises grises et abruptes surmontées d'une dense forêt vierge. Louis s'empara de la peinture à l'eau et coloria l'océan en bleu, la jungle en vert, la coque du bateau en marron. Puis il fit une croix rouge à côté de laquelle il écrivit, d'une petite écriture gracile : Trésor principal. Après quoi il donna à l'ouvrage son titre : *L'Île au trésor*.

> à peu près ainsi, tandis que je contemplais arte de l'île au Trésor, que les futurs person- du livre commencèrent à surgir de bois imaginaires ; leurs visages hâlés, leurs armes étincelantes se montraient aux endroits les plus inattendus, passant et repassant, dans leur chasse au trésor sur ces quelques centimètres carrés de projection plane. Ce dont je me souviens ensuite, c'est que j'avais du papier devant moi et écrivais la liste des chapitres.

Ce jour-là, Louis s'installa à sa table et écrivit le premier chapitre, et après le dîner il en donna lecture à Lloyd. Le deuxième jour, il écrivit le deuxième chapitre et le présenta de nouveau après le dîner, et le troisième jour de même pour le troisième chapitre. "Tout cela était conçu comme un simple divertissement pour un garçon que le mauvais temps condamnait à rester cloîtré à la maison sans rien faire", se souvint Fanny. Mais Louis s'aperçut bientôt qu'en plus de Lloyd, un autre garçon, sensiblement plus âgé, était suspendu à ses lèvres. "Mon père fut tout de suite tout feu tout flamme... non seulement il écoutait chaque jour avec bonheur le nouveau chapitre, mais il collabora activement." Ce fut Thomas Stevenson qui composa le contenu du coffre de Billy Bones, qui baptisa du nom de *Walrus* le vieux bateau du capitaine Flint et donna l'idée de la scène où le héros de l'histoire, Jim Hawkins, douze ans, se cache dans un tonneau de pommes et écoute la conversation des pirates.

Suivirent des jours heureux sous la pluie à Braemar. Le hasard voulut que deux amis de Louis, Colvin et Gosse, viennent lui rendre visite ; et comme les occupants du cottage se connaissaient bien, les journées s'écoulèrent bientôt à un rythme agréablement uniforme – l'artiste malade restant évidemment, aux yeux de toute la maisonnée, constamment au centre de l'action. Il passait chaque matinée au lit. Comme il lui était interdit de parler durant la première moitié de la journée, Colvin et Gosse, alternativement, jouaient aux échecs avec lui. Quand le jeu le lassait, il écartait l'échiquier et réclamait le nécessaire pour écrire ; on n'avait alors plus le droit de le déranger avant le dîner. Le repas fini, la compagnie se réunissait au salon et Louis donnait lecture de ce qu'il avait écrit durant la journée. "Je ne puis me rappeler plaisir plus grand que ces froides nuits à Braemar, écrivit Edmund Gosse des années plus tard, quand le vent rugissait dehors et que les grêlons frappaient les fenêtres tandis que Louis, à la lumière de la lampe à pétrole, donnait lecture de son roman naissant, d'une voix forte qu'il accompagnait de gestes dramatiques."

L'histoire avança ainsi à bonne allure. Au premier chapitre, le vieux loup de mer Billy Bones entrait en scène. Au deuxième, Jim Hawkins trouvait la carte du trésor. Au dixième, Jim, carte en main, prenait la mer en direction du sud-ouest, et au douzième, après une longue traversée, émergeait du brouillard la forme escarpée et conique de l'île au trésor. Au chapitre treize, les chercheurs de trésor descendaient à terre, au quatorzième le premier meurtre se produisait, au quinzième apparaissait Ben Gunn, un insulaire qui avait passé trois ans de sa vie dans la plus complète solitude sur l'île… et soudain, Robert Louis Stevenson fut incapable de continuer. "Je trimai pendant quinze jours et écrivis quinze chapitres ; et puis, aux premiers paragraphes du seizième, je perdis honteusement le fil. Ma bouche était vide ; et il ne se trouvait plus dans ma poitrine un seul mot de *L'Île au trésor*."

Peut-être Louis était-il à bout de forces pour s'être trop dépensé ces quinze premiers jours ; peut-être était-il en proie à une de ces fameuses pannes d'inspiration qui, comme on sait, sont tout aussi difficiles à expliquer que leur contraire, l'acte créateur. Le tarissement des mots était d'autant plus fâcheux que Louis avait déjà vendu son œuvre sous forme de roman-feuilleton au journal londonien pour la jeunesse *Young Folks*, qui entendait en publier le premier chapitre deux semaines plus tard, le 1er octobre 1881. Louis fit ce que font les écrivains dans de telles situations. Il s'aventura hors de la maison et alla se promener, s'enivra avec ses amis, fit une virée à Édimbourg. Cela servit un peu, mais pas assez ; il parvint, certes, à achever le seizième chapitre, celui où se prépare la lutte des fidèles et des mutins, le dix-septième où continue la préparation de cette lutte, ainsi que le dix-huitième où il y a un mort, et le dix-neuvième ainsi que le vingtième, où retentissent maints coups de feu. Mais l'élan qui lui avait permis d'écrire un chapitre par jour était perdu ; et d'innombrables lecteurs ont ressenti, depuis, combien l'intrigue de ces chapitres piétine bizarrement.

Finalement, le secours vint de ce qui aide les écrivains en détresse : d'un changement de lieu. À la fin septembre, la santé de Louis s'était dégradée au point qu'on recommença à craindre pour sa vie. Il fut décidé qu'il passerait l'hiver en cure à Davos, comme l'année précédente. Fanny, Louis et Lloyd gagnèrent la Suisse *via* Édimbourg, Londres et Paris, et arrivèrent à Davos le 18 octobre au soir.

En cet hiver 1881, le ski alpin touristique n'avait pas encore été inventé ; il devait s'écouler encore sept années avant qu'un officier britannique poitrinaire ne vienne à Davos avec son valet norvégien, qui avait dans ses bagages une paire de skis qu'il laissa sur place à son départ. Quand Fanny, Louis et Lloyd firent en traîneau le trajet de huit heures, *via* Prättigau, pour aller de la gare de Landquart au sanatorium, les Alpes suisses n'étaient pas encore un champ de foire, mais un lieu d'une beauté calme et hostile. Solitaire, à l'écart, Davos se dressait sur la haute vallée venteuse et nue où, entre des sommets enneigés, coule le Landwasser – une poignée de fermes et de granges, quelques hôtels et sanatoriums peuplés de tuberculeux entre vie et mort, suivant plus ou moins scrupuleusement les directives d'une célébrité mondiale, le pneumologue Carl Rüedi.

À la différence de l'hiver précédent, les Stevenson ne prirent pas leurs quartiers à l'hôtel Belvedere, mais s'installèrent dans le chalet Am Stein, en bordure du village, abrité du vent par une imposante paroi rocheuse. Louis ne rechigna pas à suivre le régime du Dr Rüedi qui, outre les douches froides quotidiennes, prescrivait la consommation en quantité de lait, de viande rouge et de veltliner, rouge aussi. Mais c'est à contrecœur qu'il suivit l'interdiction de cigarettes ainsi que celle de travailler plus de trois heures par jour. Comme tous les autres curistes, il devait passer le reste du temps sur le balcon à se reposer dans une chaise longue ou s'adonner à un entraînement physique consistant principalement en de petites promenades qui le voyaient gravir, hors d'haleine, les sempiternels sentiers jusqu'aux forêts de mélèzes. Louis accomplissait chaque jour avec une discipline militaire les promenades prescrites par le Dr Rüedi, tirant son skye-terrier Woggs à sa suite. Il s'aperçut bientôt qu'il croisait toujours aux mêmes endroits les mêmes compagnons de souffrance et que la neige était, toujours aux mêmes endroits, éclaboussée de l'urine des mêmes chiens et que, toujours aux mêmes endroits, là où les malades chroniques étaient pris de leurs petites quintes de toux, la neige était parfois mouchetée de rouge.

Les Stevenson n'allèrent pas bien pendant les premières semaines de ce séjour qui devait durer sept mois. Louis crachait le sang. Fanny souffrait de calculs biliaires. Lloyd avait la grippe et se cassa un doigt. Woggle souffrit d'un abcès douloureux à l'oreille droite que nul autre que Louis n'eut le droit de soigner. Malgré tous ces tracas, Louis retrouva son énergie créatrice. Ce fut sans doute un matin d'octobre, quelques jours après leur arrivée, qu'il tira de ses bagages le roman inachevé dans l'intention d'y travailler trois heures chaque jour, comme il y était autorisé – "Et alors! Les mots se mirent à couler aussi simplement que si je faisais la causette près du feu ; et dans une seconde vague de travail délicieusement assidu, et de nouveau au rythme d'un chapitre par jour, j'achevai *L'Île au trésor*."

Il ne fallut à Louis que quatorze jours pour écrire les quatorze chapitres restants. Quand l'histoire fut terminée, le squelette avait joué sa scène. La carte du trésor s'était révélée dépourvue de valeur, et le trésor principal avait été découvert là où on ne l'attendait pas ; pas moins de dix-sept mutins avaient trouvé la mort, et l'*Hispaniola*, avec sa lourde cargaison d'or, levait l'ancre pour mettre le cap sur "le port le plus proche de l'Amérique espagnole", abandonnant à leur sort sur l'île inhospitalière les trois pirates survivants. Au quinzième jour, Louis relut l'ensemble. Il vit que cela était bon, plaça les feuillets dans une enveloppe qu'il expédia à Londres. Le 22 novembre 1881, l'éditeur lui envoyait par virement trente livres d'honoraires.

Bien évidemment, ce ne sont pas les montagnes suisses enneigées qui livreront un indice permettant de savoir si Robert Louis Stevenson pensait à une île réelle en écrivant son roman. À Davos, il vit peut-être des chocards à bec jaune et des traîneaux, mais pas de perroquets ni de bateaux de pirates ; et le panorama qui s'offrait à sa vue depuis le balcon du chalet Am Stein – au nord le Rätikon, au sud le Piz d'Aela, le Corn da Tinizong et le Piz Mitgel – n'évoque en rien les îles des Tropiques. Un détail mérite cependant d'être mentionné : dans les mois qui suivirent la rédaction, Louis rebaptisa Woggle, le chien qui depuis deux ans déjà accompagnait fidèlement la famille. Voilà qui n'est pas courant, car il n'est facile pour personne d'oublier un nom auquel on s'est habitué et de se faire à un nouveau. Or, soudain, Woggle ne s'appela plus Woggle, ni Woggs, Woggy, Watty non plus que Wiggs, tous ces diminutifs affectueux du "Walter" d'origine, non, il s'appela désormais : Bogue.

Bogue – un patronyme plutôt rare dans l'espace anglophone, et un nom bien peu courant pour un skye-terrier, même au XIXe siècle. La raison pour laquelle Louis prit la peine d'imposer ce nouveau nom auprès de Fanny, de Lloyd et de l'animal lui-même restera sans doute à jamais son secret. Il n'est guère imaginable que ce nom ait été un hommage à un ami ou un parent car on ne connaît dans la vie de Stevenson personne qui se soit nommé Bogue. Aucun Bogue non plus dans les livres d'or des hôtels de Davos, et l'œuvre de Stevenson ne compte aucune figure romanesque répondant à ce nom. Nulle part à la ronde on ne trouve de Bogue – sauf sur une petite île volcanique de l'océan Pacifique, au large du Costa Rica. Louis eut beau jurer cent fois qu'aucune île réelle n'avait servi de modèle pour *L'Île au trésor*, le nom qu'il attribua à son chien semble fort suggérer qu'il avait une connaissance très précise de l'île Cocos. En effet – comme cela a déjà été mentionné –, Bogue est le nom de cet homme qui paya de sa vie sa fidélité au chercheur de trésor John Keating, lorsqu'il fut abattu, jeté par-dessus bord au large de l'île Cocos ou enterré vivant dans la caverne d'or, cet homme dont le squelette – peut-être – veille encore de nos jours sur le trésor de Lima.

Le turbulent petit skye-terrier devait vivre encore quatre ans avec ce nouveau nom. Au printemps 1885, Bogue, dans la clinique vétérinaire de Bournemouth, en Angleterre, attaqua un chien sensiblement plus gros et périt de sa témérité. Fanny, Lloyd et Louis furent inconsolables. Jamais la famille ne reprit un autre chien.

6

“J’ESPÈRE QUE TOUT SE PASSERA POUR LE MIEUX”

LA PLUPART DES AVENTURIERS et chercheurs de trésor n’ont pas résisté plus de quelques jours à l’île Cocos, quelques-uns sont restés trois ou quatre semaines, une poignée seulement plusieurs mois. Mais il en est un qui les a tous battus, et haut la main, et à plate couture – pas par son succès, mais pour ce qui est de la persévérance et de l’endurance.

Peut-être pas tout à fait par hasard, il s’agissait d’un Allemand et il avait compris que chercher un trésor n’est pas jouer au loto, mais qu’il faut procéder avec méthode. Il s’appelait August Gissler et était marin de son état. Il avait trente et un ans lorsqu’il posa pour la première fois le pied sur l’île Cocos. Soixante-sept ans avaient passé depuis la disparition du trésor ecclésiastique de Lima, quarante depuis que les premières cartes du trésor avaient commencé à circuler, et neuf depuis que Robert Louis Stevenson avait lu dans le *San Francisco Call* que les expéditions à l’île au trésor s’étaient soldées par des échecs. August Gissler, lui, ignorait tout cela lorsqu’il entra en possession d’une carte du trésor. Il la crut unique et authentique ; et quand il s’aperçut de son erreur, il fut incapable de la reconnaître et passa presque vingt ans de sa vie à chercher le trésor sur l’île Cocos.

Né le 19 septembre 1857 à Remscheid, près de Solingen, August Gissler était le troisième des onze enfants d'un petit entrepreneur fabricant de couteaux. Le père souhaitait que ses fils reprennent un jour l'entreprise et qu'eux-mêmes, en un jour lointain, la transmettent aux leurs. Son aîné, Hermann, combla ces espérances et alla même au-delà* ; mais il en alla tout autrement du puîné, August. Soit qu'il n'ait pas voulu rester éternellement le petit frère ou le junior dans l'entreprise du patriarche, ou que l'idée de mener une vie de commerçant à Remscheid lui ait fait horreur – toujours est-il qu'aux alentours de sa vingtième année il disparut du jour au lendemain et se fit marin, après quoi sa famille n'eut plus aucune nouvelle de lui pendant dix ans. Il semble qu'il se soit installé après quelque temps à Hawaii où il aurait acheté une petite plantation de canne à sucre près d'un planteur allemand nommé Barthels. Gissler mena une vie tranquille et frugale, travaillant rudement ses champs et passant ses dimanches chez Barthels, qui avait épousé une Hawaiienne avec laquelle il avait fondé une famille. Un dimanche, Barthels lui montra la carte d'un trésor, carte supposée avoir appartenu à son beau-père hawaiien qui, disait-il, avait été marin dans ses jeunes années. La carte représentait une petite île sur laquelle le trésor ecclésiastique de Lima était censé être enfoui, à six pieds sous terre dans une petite baie au nord-ouest de l'île.

* Hermann Gissler (1856-1919) fonda l'entreprise Gissler & Pass de Jülich, la plus ancienne et la plus grande entreprise productrice de carton ondulé en Allemagne, dirigée aujourd'hui, pour la quatrième génération successive, par Thomas Gissler-Weber.

August Gissler accorda foi à tout cela. Il fut tout feu tout flamme. Laissant tout en plan, il vendit son exploitation et partit le 18 mai 1888 à San Francisco avec Barthels et son fils de onze ans pour acquérir un bateau qui puisse le conduire le long des quatre mille kilomètres de la côte ouest de l'Amérique jusqu'à l'île Cocos. L'embarcation devait être armée pour la haute mer et pouvoir être maniée par deux hommes et un garçon de onze ans ; car les chercheurs de trésor, par mesure de sécurité, préféraient renoncer à employer des marins inconnus. Sept semaines durant, Gissler chercha en vain dans le port de San Francisco un bateau approprié. En effet, soit le vaisseau exigeait un équipage bien plus nombreux, soit il ne pouvait prendre une charge suffisante, soit il n'était pas armé pour la haute mer.

Ainsi le hasard voulut-il que se croisent durant ces jours-là les chemins d'August Gissler et de Robert Louis Stevenson. Louis séjourna à San Francisco du 7 au 28 juillet 1888 avant de s'embarquer sur le *Casco* pour son voyage dans les mers du Sud qui devait s'achever un an et demi plus tard aux Samoa. Quant à August, il était arrivé le 3 juin et resta jusqu'à la fin juillet. Rien n'indique que Gissler et Stevenson se soient véritablement rencontrés.

Gissler finit par s'embarquer avec Barthels et son fils sur un paquebot à destination du Costa Rica et ils descendirent à terre à Puntarenas, principal port du pays. Ils étaient désormais tout près de l'île au trésor, à seulement cinq cents kilomètres, mais Gissler dut constater que le mystère entourant l'île Cocos était largement éventé.

Ce n'est pas la première expédition, écrivit-il dans une longue lettre adressée à sa famille à Remscheid. *Il paraît qu'un vieux marin mort à l'hôpital de New Bedford aurait déclaré avant de mourir qu'il avait été l'un des pirates et que l'or était enterré sur l'île Cocos. (...) Et puis nous avons appris par ces gens, qu'ils étaient à la recherche de l'or, qu'ils avaient eu à leur bord un homme, lequel avait dit savoir où se trouvait l'or, mais qu'à leur arrivée il n'avait pas pu le trouver, qu'ils avaient donc remis les voiles au bout de trois semaines et qu'ils avaient voulu vendre la goélette à Panamá, mais qu'ils n'avaient pas pu, et c'est là qu'ils étaient arrivés à Puntarenas. Alors ces marins ont montré où ils avaient creusé, ils ont dit qu'il y avait des trous assez grands pour qu'on y enfouisse une maison, et puis ils m'ont demandé où nous avions l'intention de creuser. Je leur ai montré un endroit à côté, ils m'ont dit que je pouvais m'épargner cette peine, c'était pratiquement l'endroit où ils avaient cherché et à environ une demi-lieue à la ronde tout avait déjà été retourné. Car il paraît que le village des pirates se trouvait là. Tandis que notre plan indique l'autre côté de l'île. Donc j'ai davantage confiance en lui. Alors j'ai demandé aux gens à quoi ressemblait l'autre côté de l'île. Ils ont dit que tout était couvert de végétation, des lianes, et qu'on ne pouvait pas accoster. Rien que des falaises à pic. Il n'y a aucun doute que l'or est sur l'île, car si une quantité pareille avait été trouvée, il doit s'agir de vingt à vingt-cinq millions de dollars, ça se saurait. Et ça ne pourrait pas être tenu secret. Est-ce que nous le trouverons ? C'est une grande question, j'espère que tout se passera pour le mieux, et alors plus personne dans notre famille n'aura à travailler, c'est sûr.*

Dans de telles conditions, Gissler et Barthels, s'ils avaient suivi la voix de la raison, auraient dû se décourager et rentrer chez eux. C'est ce que Barthels fit : il s'embarqua avec son fils pour San Francisco et retourna à sa plantation. La carte du trésor, il la laissa à August Gissler qui, lui, entendait rester. Pour ce dernier, si le port de Puntarenas grouillait de chercheurs de trésor, ce n'était qu'une preuve supplémentaire de l'existence du trésor. Et si personne ne l'avait trouvé jusqu'alors, c'était que tous avaient cherché au mauvais endroit. Huit jours après le départ de Barthels, un schooner suédois transportant du bois de cèdre vers le Chili entra dans le port. Il manquait au capitaine six hommes d'équipage. August Gissler offrit ses services comme marin à la condition que le navire ferait halte pendant deux semaines à l'île Cocos.

On a pris la mer le 19 septembre, pile le jour de mon anniversaire, mais il y avait très peu de vent, l'île Cocos est apparue, mais le courant et le vent contraire nous repoussent vers la baie de Panamá, alors on a essayé pendant à peu près douze jours, on apercevait la terre, mais pas moyen d'approcher ; c'est que le bateau était trop grand pour notre équipage. Moi, je voulais encore essayer ; mais le capitaine a dit qu'il ne pouvait pas s'attarder plus longtemps, il fallait qu'il voie à atteindre Valparaíso, mais il n'avait pas beaucoup de vivres, mais il avait un frère à Valparaíso, un vieux capitaine et, lui, il avait quelques bateaux à lui – et il en céderait bien un, alors on aurait du temps, on pourrait peut-être même rester sur l'île plusieurs mois. C'est comme ça qu'après une traversée on est arrivés début décembre…

Pendant les soixante-treize jours en mer, August Gissler eut grandement le temps de planifier la suite des opérations. Il avait compris que son projet initial

– se rendre à l'île Cocos en voilier, seul et inaperçu, dénicher le trésor et disparaître tout aussi rapidement et incognito – n'était pas réalisable. Pour laisser espérer un succès, l'entreprise devait prendre plus d'ampleur à tous les égards. Le bateau devait être armé pour la mer et assez grand pour être chargé de nombreuses tonnes d'or et de pierres précieuses. Pour cela, il fallait un équipage de dix hommes au bas mot, et cet équipage, il fallait le nourrir et le rétribuer. Or August Gissler n'avait pas le sou. Aussi persuada-t-il, à Valparaíso, quatorze négociants et fonctionnaires de fonder avec lui une société par actions. "Nous avons vendu pour 3 000 dollars d'actions afin de rassembler la somme pour les frais supplémentaires du bateau. Pour 100 dollars engagés, chacun en reçoit 20 000 si on trouve le trésor ; sinon, il perd l'argent. L'argent est engagé la plupart du temps par de gros négociants, une entreprise allemande, Benaro, s'est engagée pour 400 dollars. Donc, comme je l'ai dit : si ça marche, notre fortune est faite, dans le cas contraire il faudra s'en satisfaire aussi. Vous n'avez pas à en parler en dehors de la famille, il sera toujours temps quand nous l'aurons trouvé."

Gissler affréta une embarcation jaugeant trois cent cinquante tonneaux, la *Wilhelmina*. Elle prit la mer avec à son bord les quatorze actionnaires au complet. À la mi-mars 1889, la *Wilhelmina* mouillait dans Chatham Bay, et August Gissler posait enfin le pied sur le sol de l'île Cocos. Il procéda à une première reconnaissance et remonta à bord pour déployer sa carte du trésor et la comparer au panorama qu'offrait le rivage. Il y retrouva les deux élévations à l'est et à l'ouest de là où ils avaient jeté l'ancre. La carte montrait, partant des sommets, deux lignes allant vers l'intérieur des terres où elles se rencontraient, à quelques centaines de mètres derrière la baie. À côté de cette intersection, il était écrit en espagnol : "Nous avons enfoui ici en 1821 un trésor précieux. Après avoir enfoui le trésor, nous avons planté dessus un palmier et relevé sa position à la boussole. Le trésor se trouve à N.E. par E1/2 E. de la montagne est et à 10 degrés N. de la montagne ouest."

August Gissler et les actionnaires se rendirent à terre, plantèrent leurs tentes et se frayèrent des sentiers à travers la jungle. Parvenus au croisement des deux lignes, ils abattirent, pleins d'espoir, le cocotier planté à cet endroit et commencèrent à creuser dans la chaleur de la forêt tropicale, étouffante d'humidité. Ils abattirent un deuxième cocotier et creusèrent un deuxième trou, puis un troisième cocotier, et un quatrième, et un cinquième, et jour et nuit il pleuvait sans discontinuer. Au bout d'un mois, les vivres s'épuisaient, dix des quatorze actionnaires en eurent assez et voulurent rentrer. Mais August Gissler et trois autres hommes voulaient rester. On divisa ce qui restait en quatorze rations, parmi lesquelles quatre furent déchargées à terre. Les dix chercheurs de trésor qui s'étaient découragés promirent de revenir sous trois mois avec des provisions.

Dans l'intervalle, les quatre inébranlables creusèrent en dessous de tous les cocotiers se trouvant à une certaine proximité du point d'intersection et tracèrent des cercles de plus en plus grands. Un jour, ayant interrompu leurs fouilles pour chasser le cochon, ils tombèrent sur la ruine d'une petite maison en bois envahie par les lianes. Sur un bout de papier accroché à la porte on pouvait lire, en anglais et en espagnol : “Le 31 janvier 1884, le capitaine Schwers, commandant du paquebot *Neko*, a découvert cette île inhabitée et en a pris possession au nom de l’empereur allemand.” Les chercheurs de trésor dégagèrent la végétation et s’installèrent.

Le *Wilhelmina* ne revenait pas. Quand six mois furent passés, Gissler et ses hommes commencèrent à craindre que les autres actionnaires ne les aient oubliés. Avec des troncs d’arbres, lianes et feuilles de palmier, ils construisirent donc un bateau censé les ramener sur le continent. Mais, en septembre 1889, alors que l’embarcation était tout juste prête pour appareiller, les actionnaires arrivèrent, pourvus d’outils et de vivres. Les hommes se remirent à l’œuvre, abattant des cocotiers, creusant, abattant des cocotiers, creusant… Au bout de trois autres mois, Gissler renonça et rentra à Valparaíso avec tous ses hommes.

Mais c’était pour peu de temps. Dès octobre 1890, après avoir convaincu ses actionnaires qu’une nouvelle expédition était nécessaire, il descendit à terre pour la deuxième fois, cette fois depuis Wafer Bay, bien plus généreusement pourvu en provisions et en outils. Cette fois, les hommes tinrent quatre mois. Après quoi ils durent admettre que la carte du trésor ne livrait pas d’indication précise sur la cachette. August Gissler, pour sa part, en arriva à cette remarquable conclusion : il ne devait pas reproduire l’erreur de ses prédécesseurs en procédant à des sondages arbitraires qui changeaient toujours d’endroit sur la foi de cartes douteuses et d’informations vagues. La seule méthode rationnelle était d’étendre la recherche en cercles concentriques, dût-on explorer l’île entière. Comparée à l’immensité de l’océan, l’île était d’une taille infime ; mais, aux yeux d’un homme s'apprêtant à en retourner la surface entière sur plusieurs mètres de profondeur avec pioches et pelles, elle devait paraître gigantesque. Gissler aurait besoin de temps – de bien plus de temps que n'en aurait l'expédition la mieux équipée du monde. August Gissler résolut de s'installer définitivement à l'île Cocos.

Il rentra à Puntarenas et, de là, continua jusqu'à la capitale costaricaine de San José afin d'obtenir du gouvernement une concession pour une colonie agricole sur l'île Cocos. En juillet 1891, le président José Joaquín Rodríguez Zeledón la lui accorda à la condition qu'il établisse cinquante familles allemandes sur l'île. En outre, le président lui remit une carte du trésor de l'île Cocos dont le gouvernement était entré en possession par des voies inconnues. Elle ressemblait fort à celle d'August Gissler, sauf que la cachette y était située plus près de la plage.

À l'hiver 1891-1892, August Gissler se rendit en Allemagne pour y trouver cinquante familles et de nouveaux actionnaires. Mais personne, dans son pays d'origine, ne se laissa vraiment gagner par son enthousiasme pour les trésors de pirates et le sol fertile des îles volcaniques. Au bout de quatre mois, il retourna bredouille à New York, San Francisco puis Puntarenas – et se lança dans sa troisième expédition à l'île Cocos. Puisque aucun colon ne voulait le suivre, il jouerait une nouvelle fois au loto et tenterait sa chance avec la carte du trésor qu'il tenait du gouvernement costaricain.

Le nouvel emplacement de fouilles se trouvait sur la plage de gravier, distant de l'eau d'une quinzaine de mètres à marée haute. Gissler creusa jusqu'à ce que l'eau se déverse de toutes parts et que la masse de graviers s'effondre. Il attendit la marée basse et recommença à creuser. Il barra un cours d'eau qui se trouvait non loin de là et le dévia vers la mer, à l'écart du lieu de fouilles. À grand-peine, il parvint à creuser jusqu'à une profondeur de deux bons mètres, où, rencontrant la nappe phréatique, il dut s'arrêter. Il supposa à juste titre que les pirates avaient dû lutter contre les mêmes obstacles insurmontables et que le trésor ne pouvait avoir été enfoui encore plus profondément. Il creusa donc un deuxième trou à proximité immédiate du premier, puis un troisième, un quatrième, un cinquième, et quand, au bout d'un mois, il eut retourné une bonne part de la plage, il renonça.

Il fallait cinq jours pour regagner le continent ; cela suffit à August Gissler pour se remettre de sa déception et reprendre espoir à la moindre occasion. Celle-ci se présenta juste après l'accostage lorsqu'il lut dans le *New York Herald* l'article sur un certain Mr Young de Boston, qui se présentait comme le gendre de John Keating et prétendait connaître des détails sur l'emplacement du trésor ecclésiastique de Lima. Aussitôt August Gissler se mit en route pour parcourir les six mille kilomètres le séparant de Boston ; il versa à Mr Young la somme de sept cents dollars pour obtenir ses informations et, au premier coup d'œil jeté sur sa carte, comprit qu'elle ne valait rien. Il s'en retourna malgré tout à Puntarenas et prit le navire postal du Pacifique pour se faire déposer sur l'île Cocos en faisant promettre qu'on vienne l'y rechercher deux semaines plus tard.

Il n'eut pas besoin de ces deux semaines pour se convaincre de l'inutilité de la carte du trésor obtenue de Mr Young. Cinq années s'étaient écoulées depuis qu'il avait quitté Hawaii et sa plantation de canne à sucre. Ses économies étaient largement épuisées, tout comme le capital de ses actionnaires ; et il n'avait rien trouvé de plus sur l'île Cocos que maints emplacements où il était sûr et certain que le trésor n'était pas.

Le 8 mai 1894, lorsque le Costa Rica élut en la personne de Rafael Yglesias Castro son nouveau et jeune président, August Gissler fit le nécessaire pour obtenir une audience. Pour attirer des colons allemands sur l'île, il fallait leur proposer des propriétés foncières, expliqua-t-il au jeune homme de trente-deux ans ; aussi l'État devait-il lui offrir, à lui, la moitié occidentale de l'île Cocos – celle, donc, sur laquelle on supposait généralement que se trouvait le trésor – et diviser la moitié orientale en parcelles à l'intention des colons. Après avoir rechigné dans un premier temps, le président finit par donner son accord*.

Devenu de fait le maître de l'île Cocos, August Gissler repartit pour un voyage en Allemagne, avec

* Dans une lettre à son frère Hermann, August Gissler exposa les conditions exactes de la transaction : "(...) selon les termes de ce contrat, le gouvernement m'accorde, à la condition que j'aie trouvé le trésor d'ici au 1er janvier 1900, la propriété de 3000 hectares sur l'île et à chaque famille la superficie qu'elle aura mise en culture augmentée de la moitié. Il y a ici quelques autres personnes qui étaient au gouvernement et voulaient chercher le trésor. J'ai alors fait le nouveau contrat. (...) Le gouvernement demande un tiers du trésor au cas où je le trouve, et il me faudrait encore signer pour verser tel pourcentage à quelques autres personnes. Il nous restera la moitié. Si nous trouvons quelque chose, ce sera toujours assez pour que la moitié nous suffise, à moi et à vous. Si nous ne trouvons rien, les terres nous sont garanties, et cela, au fil du temps, représentera une belle quantité d'argent."

cette fois plus de succès. En effet, il semble tout d'abord qu'il ait su convaincre son frère aîné Hermann ainsi que ses sœurs Alma, Emmy, Anna et Johanna de bailler des fonds ; c'est en tout cas ce que laisse supposer le fait qu'il leur légua par testament de vastes parties de l'île Cocos. Ensuite, il épousa une jeune fille dont on sait seulement qu'elle se prénommait Clara. Enfin, il trouva six familles volontaires pour fonder avec lui une colonie allemande sur l'île Cocos. Le 13 décembre 1894, dans Chatham Bay, le navire postal du Pacifique laissa descendre les colons à terre. Ils apportaient de New York poutres, planches, clous et autres matériaux de construction, de Panamá graines à semer, poules, canards et dindons. Ils commencèrent par construire des maisons, déboiser et planter de la canne à sucre, des bananiers, des légumes et du café. En mai 1895, la colonie vit arriver d'Allemagne quatre nouvelles familles et trois hommes célibataires. L'île Cocos comptait désormais cinquante âmes, plus que jamais par le passé. Le gouvernement accorda à August Gissler la nationalité costaricaine et le nomma gouverneur de l'île Cocos. Il fut en outre convenu qu'un bateau approvisionnerait l'île chaque mois.

Les colons allemands avaient espéré une vie meilleure, le bonheur et la prospérité de propriétaires de plantations sous le soleil éternel du Sud. Le quotidien sur l'île eut tôt fait de les dessiller. Tandis qu'August Gissler creusait à la recherche du trésor ecclésiastique, les hommes de la colonie s'éreintaient à planter pommes de terre et maïs dans le sol boueux, et les femmes, dans les cabanes en rondins, protégeaient leurs nourrissons des rats et des insectes. Au bout de quelques mois, les premiers colons en eurent assez et s'embarquèrent sur le bateau d'approvisionnement pour regagner le continent. Trois ans plus tard, les trois dernières familles avaient disparu ; à compter de décembre 1898, le bateau cessa de venir, August et Clara Gissler restèrent donc seuls sur l'île Cocos pendant près de deux ans. Ce furent d'abord les provisions qui vinrent à manquer, puis les outils de fouille qui s'usèrent, et enfin les munitions qui s'épuisèrent. En octobre 1900, ils se trouvèrent dans une telle détresse que Gissler construisit un bateau de ses propres mains, se servit des draps du lit conjugal pour hisser les voiles et, en trois jours, gagna le continent avec Clara… pour rentrer peu après à l'île Cocos.

En novembre 1904, August Gissler était de nouveau à New York pour accueillir un groupe de chercheurs de trésor britanniques. À cette occasion, le gouverneur de l'île Cocos, désormais probablement au bord de la folie, accorda un entretien au *New York Times*.

> Le capitaine Gissler est un homme de quarante-sept ans et une réplique vivante du Moïse de Michel-Ange, écrivait le reporter, manifestement impressionné. Une barbe rousse lui descend jusqu'à la taille, sa chevelure opulente orne une tête au port superbe, son regard est clair et perçant comme celui d'un aigle, le nez est classique, la voix de velours (…). Sa taille est de six pieds et trois pouces. Il a une carrure en triangle, comme il sied à un homme, avec les épaules larges, les hanches étroites, un embonpoint qui se remarque à peine. Sa main est grande comme celle de la Providence et si dure que son poing serré pourrait enfoncer des clous.

— Cocos, explique le gouverneur Gissler à la veille de son départ, est incontestablement d'origine volcanique. Notre point culminant se trouve à une altitude de deux mille cinq cents pieds. Nous avons sept rivières. L'une a une cascade de six cents pieds de haut, et une autre une cataracte de cinq cents. À cent pieds de ma résidence, je dispose donc d'une force de deux mille chevaux.

— Quelles sont les caractéristiques du sol ?

— Nous avons du sable, de la glaise et de l'argile chocolat. Le sol est très riche. La végétation est abondante. Les forêts sont magnifiques. Nos cèdres, les blancs comme les jaunes, ont un bois très pur. On devrait pouvoir en faire de bons crayons.

— Comment est le climat ?

— La température oscille entre 62 et 90 degrés Fahrenheit. Nous n'avons jamais besoin de feu ni de manteau, et la chaleur ne nous dérange pas du tout. Je suis toute l'année en bleu de travail et je m'y sens très bien. Il pleut dix mois de l'année et il arrive que nous ayons des averses dans les deux mois restants. Nous buvons l'eau la plus pure au monde. Je ne l'ai jamais fait analyser.

— Du gibier ?

— On trouve beaucoup d'espèces d'oiseaux, mais aucune n'est bonne à manger. Ils sont seulement agréables à l'œil et ce sont des perroquets et des cacatoès pour la plupart. Les forêts sont pleines de cochons sauvages, et quand je veux de la viande fraîche j'en tue un. Les eaux pullulent de poissons, mais ces poissons des Tropiques, vous savez, ne sont guère mangeables.

— Vous élevez des animaux domestiques, je suppose ?

— Il m'est arrivé d'avoir du bétail, des chevaux, des moutons, des poules. Mais la fois que je suis venu en Amérique, avant ce voyage-ci, une expédition est descendue de Vancouver et a tout tué.

— Et vos gens ont permis cela ?

— Mes gens ? Je n'en ai pas.

— Je veux dire vos… vos sujets.

— Oh, il n'y a pas de sujets. Sur l'île, il n'y a que moi et ma femme.

— Et quand vous partez ?

— Elle vient avec moi. Nous laissons le bétail, les chevaux et le reste se débrouiller. Ils ont toujours assez à manger.

— Des enfants ?

— Pas un seul. Qu'est-ce que vous voulez faire d'une bande d'enfants sur l'île Cocos ? Que des soucis. Ils voudraient tout le temps aller sur le continent.

— Votre femme ne se sent pas seule ?

— Pas là où je suis. Ça lui plaît, là-bas. Et puis il y a à faire. Nous travaillons tous les deux.

— À quoi vous occupez-vous ?

— Récemment, j'ai fait pousser du tabac. Dans l'argile j'en tire mille livres par acre en six semaines, et puis j'ai une moisson remontante, qui me donne huit cents livres de plus. Si je veux, je peux récolter plusieurs fois par an, une fois après l'autre, et je peux arriver à un total de cinq mille livres à l'acre.

— Cela semble incroyable, gouverneur.

— Mais c'est vrai. Je vends ma récolte au Costa Rica un dollar la livre.

— Un homme seul ne peut pas cultiver beaucoup d'acres. Pourquoi n'importez-vous pas de main-d'œuvre ?

— Une fois, j'ai pris dix-huit Allemands, avec leurs familles, et je me disais qu'ils allaient arriver à de belles récoltes et devenir riches, mais au lieu de ça, ils ont vite monté une insurrection.

— Et qu'est devenue cette insurrection ?

— Je l'ai réprimée.

— Comment vous y êtes-vous pris ?

— J'ai proclamé la loi martiale, comme gouverneur de l'île, et avec mes gros pistolets pointés sur la face des Allemands je leur ai fait peur pour qu'ils se soumettent. Ils ont posé les armes qu'ils avaient et la paix a été rétablie. Mais cet incident m'a conduit à envoyer tous ces gredins au diable.

— Vous êtes gouverneur, général, colonel, et l'armée tout entière, ainsi qu'exécuteur des hautes œuvres, juge, jury et croque-mort ?

— Tout ça, je pense. Je suis obligé. (…)

— Quels sont vos projets immédiats, gouverneur ?

— Je vais emporter à Cocos un chargement de péons et je vais planter avec eux cinquante mille arbres à caoutchouc. (…) Il y a une autre culture qui m'intéresse, c'est le ginseng. C'est quoi, le ginseng, au fait ? On s'en sert pour quoi ? J'ai entendu dire qu'on en tirait de gros profits, cinquante mille dollars l'acre. Je vais emporter quelques racines et je verrai quoi faire avec.

Quelques jours à peine après cette interview, August Gissler retourna à l'île Cocos, accompagné de sa fidèle Clara. On ignore si elle partageait l'enthousiasme imperturbable de son époux. On sait qu'elle ne s'éloigna pas de lui durant toutes ces années ; et l'on sait aussi qu'August Gissler ne fit pas fortune, pas plus avec le tabac qu'avec le caoutchouc ou le ginseng. Les plants de tabac pourrissaient sur pied, les hévéas crevaient, les racines de ginseng s'enfonçaient dans la boue. Et au bout de quelques mois, ce furent les vivres qui manquèrent de nouveau tandis que les munitions prenaient l'humidité dans la pluie sempiternelle. Pour se ravitailler sur le continent, August Gissler construisit un nouveau bateau et hissa les draps. À sa Clara, il promit qu'il serait de retour dans six semaines tout au plus. Mais, durant sa traversée, une tempête le fit dévier de son cap à tel point qu'il n'accosta pas à Puntarenas, mais plusieurs centaines de kilomètres plus bas, sur les rives de Panamá. Il lui fallut presque six mois pour regagner l'île Cocos. Lorsque le navire postal le débarqua enfin à Chatham Bay, il trouva sa Clara dans une santé florissante – et cela bien qu'elle eût fait une mauvaise chute et se fût cassé le bras le jour du départ d'August. Elle s'était confectionné une attelle avec des branches et des lianes, après quoi son bras s'était convenablement reconstitué. De l'autre bras, elle avait posé des pièges et s'était nourrie des animaux qui s'y laissaient prendre.

Qui sait si August Gissler eut un éclair de lucidité à l'instant où il vit sa vaillante épouse toute seule sur la plage de Chatham Bay. Qui sait s'il ne comprit pas, en cette minute, qu'elle – et lui – avait subi assez d'épreuves. Mais peut-être était-il seulement préoccupé par le bras de Clara, qu'il voulait montrer à un médecin. Toujours est-il que Clara et August Gissler s'embarquèrent le 6 novembre 1905 à bord du navire postal – sans savoir qu'il disait adieu pour toujours à l'île Cocos. Le 8 novembre, ils arrivèrent à Puntarenas, d'où ils étaient censés regagner l'île une semaine plus tard. Mais le hasard voulut que, le 11 novembre, une lettre de son frère Hermann arrivât de Remscheid. Il écrivait qu'il était gravement malade et priait instamment son frère de rentrer pour diriger l'usine de papier de Betzdorf en attendant qu'il soit rétabli. "Je reviens volontiers pour aider, répondit August. D'un autre côté, l'idée de quitter l'île – fût-ce temporairement – ne me plaît pas du tout, car il y a certaines tâches concernant le trésor que nous n'avons pas achevées. Mais il est naturellement de mon devoir d'aider Hermann ; l'île devra donc attendre un moment."

August et Clara prirent le premier paquebot pour Panamá et New York, d'où ils continuèrent pour Anvers, où ils arrivèrent le 27 décembre. Une fois à Remscheid, ils constatèrent cependant que l'état de santé de Hermann s'était entre-temps dramatiquement amélioré. "Hermann est de nouveau passablement *alright*", nota August le 6 janvier 1906. S'il soupçonna son frère d'avoir seulement feint cette maladie pour le faire enfin rentrer au pays vingt ans après son départ, il garda cela pour lui. Pendant trois ou quatre mois, il essaya de se rendre utile à l'usine de papier et de carton cuir ; puis il succomba de nouveau à l'appel du lointain.

August et Clara Gissler ne retournèrent jamais sur l'île Cocos. Ils s'établirent à New York où ils vécurent pauvrement chez les sœurs d'August, Alma et Emmy, qui gagnaient leur vie comme domestiques ; Alma avait émigré en Amérique dans ses jeunes années, Emmy avait quitté l'Allemagne après l'échec de son mariage. August Gissler vécut jusqu'à son dernier jour dans la certitude qu'il était un homme riche. En effet, s'il n'avait pas trouvé le trésor ecclésiastique de

Lima, il se considérait comme le propriétaire légal de l'île Cocos. À la mort de sa Clara en 1925, lui dont la vieillesse était tourmentée par les rhumatismes et les douleurs d'estomac disait à qui voulait l'entendre que, si quelqu'un lui avançait fût-ce une petite somme d'argent, il trouverait le trésor. Et quand il comprit enfin que cela n'arriverait plus, il tenta de vendre l'île à l'US Navy pour qu'elle en fasse une base navale. Mais ce projet aussi échoua. August Gissler mourut le 8 août 1935 à l'âge de soixante-dix-huit ans. Son testament prévoyait la répartition de ses propriétés de l'île Cocos entre treize parents, amis et bailleurs de fonds. Il prescrivait aussi qu'en cas de vente, le prix des terres ne devrait pas être inférieur à deux cent mille dollars*. Mais comme l'estimation officielle n'excédait pas cinq cents dollars, les héritiers s'adressèrent au gouvernement du Costa Rica. On les informa que, August Gissler n'ayant ni découvert le trésor ni établi une colonie durable, il ne pouvait être considéré comme propriétaire de l'île Cocos, mais que l'île lui avait été seulement confiée pour qu'il l'exploite et qu'il ne saurait donc être question d'un héritage.

* Daté du 5 février 1929, le testament de Gissler fut publié dans le *New York Times* du 13 novembre 1935. Selon ses termes, ses deux sœurs new-yorkaises Alma et Emmy devaient recevoir chacune trois vingtièmes des propriétés sur l'île Cocos ; de même pour deux amis de New York et d'Ocean City. Ses sœurs Anna et Johanna, restées à Remscheid, devaient recevoir un vingtième, de même que son neveu Walter Gissler, qui avait repris la direction de l'entreprise familiale, ainsi que son oncle Richard Berger, fabricant de papier à Wolkenburg (Saxe) et quatre autres personnes.

7

LE LUTIN DE LA BOUTEILLE

Les Samoans aimaient ce charmant Écossais si différent des messieurs guindés de la Compagnie allemande de commerce. Ils admiraient la grande demeure qui prenait forme à Vailima et les trésors inouïs que Stevenson y amassait. Cet homme était plus gai, plus généreux et plus affable que tous les autres Européens des Samoa ; et comme son clan ne cessait de croître, il devait être un chef bon et grand. Seuls durant les premiers mois à Vailima, Louis, Fanny et Lloyd furent bientôt rejoints par Belle, la fille de Fanny, avec son fils Austin, peu après par son mari Joe Strong, et enfin par la mère de Louis, Margaret Stevenson, et Graham Balfour, cousin de Louis.

Pour l'entretien de Vailima, Louis engagea douze domestiques et tout autant d'ouvriers pour ses plantations ; c'était en tout entre vingt et trente personnes qui vivaient à ses crochets. À cela venait s'ajouter le coût des vêtements, de la nourriture et des médicaments. Les expérimentations végétales de Fanny coûtaient aussi de l'argent, ainsi que sa distillerie de parfums qui ne fut jamais en état de produire, ou ses animaux domestiques, qui se perdaient toujours dans la jungle. Les petites bagues plaquées or dont Belle faisait cadeau aux servantes coûtaient de l'argent. Les bottes de cheval de Lloyd coûtaient de l'argent, ainsi que son cheval depuis lequel il donnait des ordres aux ouvriers de la plantation, et la glacière que Louis avait apportée d'Écosse et qui ne fonctionnait jamais comme il fallait. La passion de Joe Strong pour l'eau-de-vie et les femmes coûtait de l'argent. La superbe maison qui menaçait sans cesse d'être engloutie par la jungle coûtait de l'argent. Et ce serait bientôt le petit Austin qui coûterait de l'argent quand il irait à l'école en Californie.

Louis faisait face à toutes ces obligations avec le sens du devoir d'un chef de clan écossais. Il veillait à ce qu'on dise chaque jour le bénédicité. Il enseignait aux enfants la religion et l'histoire. À Noël, Pâques et la Pentecôte il distribuait aux membres samoans de la maisonnée des kilts en tartan Royal Stuart qu'il leur ordonnait de porter sur leurs hanches tatouées. Et si un travailleur forcé, fuyant le fouet des surveillants des plantations allemandes, se réfugiait à Vailima, Louis le recueillait et payait une indemnité à la Compagnie de commerce.

Début 1891, la London Missionary Society le pria d'écrire une contribution pour la revue hebdomadaire de la mission, *O le Sulu o Samoa*, première et unique publication en langue samoane. Louis devait fournir un récit pour l'édification morale des indigènes, et les missionnaires le traduiraient d'anglais en samoan. L'histoire s'appela *The Bottle Imp*, *Le Lutin de la bouteille*, et parut en feuilleton de mai à décembre 1891. Tous les Samoans sachant lire la lurent avec ferveur, des mois durant elle fut le principal sujet de conversation sur Upolu tout entière – et jusqu'à la fin de sa vie Robert Louis Stevenson ne put empêcher les Samoans de voir en lui le héros de cette histoire et de le considérer dorénavant avec un respect mêlé de pitié, d'envie et d'horreur.

Les Samoans ignoraient la différence entre fiction et vérité. Ce qu'ils connaissaient jusque-là en matière d'écriture, c'était la Bible et l'interprétation qu'en donnaient les missionnaires ; le moindre mot écrit était le verbe de Dieu, dont la vérité ne souffrait le moindre doute. Aussi lurent-ils le récit de Louis comme un nouveau chapitre de la Bible, c'est-à-dire comme le compte rendu de faits, et ils surent tout de suite qui se cachait derrière ce héros piètrement déguisé. Il avait beau s'appeler Kéaoué et non pas Louis, personne à Apia n'était dupe, et cela même si l'action se déroulait à Hawaii au lieu de Samoa. Il suffisait d'avoir des yeux pour comprendre – au plus tard avec la description de la maison du héros malheureux qui, très jeune, se retrouve inexplicablement vite en possession d'une fortune fabuleuse.

> La maison s'élevait à flanc de montagne, en vue des navires. Au-dessus, la forêt grimpait jusqu'à se perdre dans les nuages de pluie. Au-dessous, la lave noire dégringolait en formant des falaises dans lesquelles étaient enfouis les rois du temps jadis. Un jardin en fleurs entourait la maison de toutes les teintes qu'on pût voir. Il y avait un verger de papayers d'un côté, un verger d'arbres à pain de l'autre, et juste sur le devant, face à la mer, se dressait un mât de navire portant pavillon. Quant à la maison, elle avait trois étages qui comportaient chacun de vastes pièces et de larges terrasses. Les fenêtres avaient des vitres d'un verre si parfait qu'il était aussi clair que l'eau et aussi brillant que le jour. Toute espèce de meubles ornaient les chambres. Des

tableaux pendaient au mur dans des cadres dorés, et l'on y reconnaissait des navires, des hommes en train de se battre, des femmes d'une grande beauté, des pays singuliers ; nulle part au monde ne se rencontrent des peintures aussi éclatantes que celles que Kéaoué trouva suspendues dans sa maison. Quant aux bibelots, ils étaient d'un raffinement extraordinaire : pendules à carillon et boîtes à musique, petits bonshommes qui branlaient du chef, livres pleins d'images, armes de prix venues des quatre coins du monde, ainsi que les jeux de patience les plus élégants pour charmer les loisirs d'un solitaire. Et comme personne n'eût aimé à habiter pareilles chambres autrement que pour les parcourir et les contempler, les terrasses étaient si larges que toute une ville aurait pu y vivre avec délices. Kéaoué ne savait que préférer, du porche de derrière où vous éventait la brise de terre et qui donnait sur les vergers et les fleurs, ou de la terrasse en façade où l'on pouvait humer le vent marin…

Kéaoué, malgré sa superbe demeure, ne trouvait pas vraiment le bonheur ; car c'était par un pacte avec le diable qu'il avait acquis sa fortune. Peu avant, il n'était encore qu'un garçon pauvre mais honorable qui "lisait et écrivait comme un instituteur" et, marin, avait longtemps parcouru l'océan Pacifique. Mais un jour…

… il se mit en tête d'aller voir le vaste monde et les villes étrangères, et il s'embarqua sur un navire à destination de San Francisco.

C'est une belle ville, avec un beau port et plus de richards qu'on n'en saurait compter. Il s'y trouve en

> particulier une colline couverte de palais. Sur cette colline, Kéaoué se promenait un jour, les poches pleines d'argent, en regardant avec plaisir les maisons de part et d'autre. "Quelles belles maisons, se disait-il, et comme les gens qui les habitent sans souci du lendemain doivent être heureux !"
>
> Cette pensée lui trottait dans la tête lorsqu'il arriva à la hauteur d'une maison qui n'était pas des plus grandes, mais accomplie de tous points et belle comme un jouet. Le perron brillait comme de l'argent, les plates-bandes fleuries du jardin étaient comme des guirlandes, et les fenêtres étincelaient comme des diamants. Kéaoué s'arrêta, émerveillé de tant d'excellence. Ce qu'ayant fait, il s'aperçut qu'un homme le regardait à travers une fenêtre si transparente que Kéaoué le voyait comme on voit un poisson dans une mare sur un récif de corail. C'était un homme d'âge mûr, avec un crâne chauve et une barbe noire ; le chagrin appesantissait son visage et il poussait d'amers soupirs. La vérité est qu'à ce moment, Kéaoué regardant l'homme dans sa maison et l'homme regardant Kéaoué au-dehors, chacun enviait l'autre.

Car le vieil homme devait sa richesse à un lutin enfermé dans une petite bouteille qui exauçait tous les souhaits de son maître – amour, gloire, fortune à la guerre, toutes les richesses de cette terre –, sauf pour ce qui était de la santé physique et de la longévité. L'ennui dans cette affaire est que quiconque se trouvait en possession de la bouteille à l'heure de sa mort devait inévitablement aller en enfer. Et qu'on ne pouvait se défaire de cette bouteille qu'à la condition de la céder à un prix moindre que celui auquel on l'avait achetée, et cela en espèces sonnantes. Des siècles plus tôt, le diable avait mis cette bouteille en circulation dans le monde à un prix faramineux et depuis, elle était passée de main en main à travers l'histoire de l'humanité en devenant toujours meilleur marché ; Napoléon Bonaparte l'avait possédée et elle avait fait de lui le maître du monde avant qu'il ne la transmette et ne soit renversé. C'était grâce à la bouteille que le capitaine James Cook avait découvert d'innombrables îles du Pacifique avant de la vendre et d'être assassiné à Hawaii. Et voilà désormais ce vieil homme de San Francisco qui avait acheté la bouteille quatre-vingt-dix dollars et cherchait depuis des années celui qui la lui reprendrait à moindre prix. “Toi aussi, recours avec modération au pouvoir du lutin, déclara l'homme à Kéaoué, et revends la bouteille comme je te la vends, et vis heureux jusqu'à la fin de tes jours.”

Dans le récit de Stevenson, Kéaoué acceptait la transaction, mais pour son malheur il ne trouvait plus personne pour lui reprendre la bouteille. Aux yeux des Samoans, il fut aussitôt évident que Kéaoué n'était autre Robert Louis Stevenson. Louis n'était-il pas fabuleusement riche ? N'était-il pas quelqu'un de jovial comme Kéaoué, qui ne pouvait faire autrement que chanter à tue-tête tant il était heureux de faire le tour de sa belle demeure ? Mais, d'un autre côté, n'était-il pas constamment malade, ce contre quoi le lutin de la bouteille ne pouvait rien ? N'était-il pas sujet à de soudains accès de tristesse lorsqu'il se savait inobservé ? Et sa femme Fanny ? Les Samoans l'appelaient Aolele, Nuage Volant, car son visage pouvait subitement se voiler alors que l'instant d'avant il souriait ; les servantes avaient souvent aperçu des larmes secrètes qu'elles ne pouvaient s'expliquer. De tout cela, décidèrent les Samoans, l'histoire de Kéaoué donnait la clé. La bouteille avec le lutin devait être cachée quelque part à Vailima. Mais dans ce cas, Louis devait s'en défaire au plus vite pour sauver son âme de l'enfer. Se pouvait-il qu'il ne trouvât pas d'acquéreur ? Avait-il commis la sottise d'acheter la bouteille pour seulement un cent, pour le prix le plus bas possible, si bien qu'aucun acheteur, dût-il s'en trouver un, ne pouvait plus proposer moins ? Se pouvait-il que l'âme de Louis fût perdue ?

Jusqu'à la fin de sa vie, Robert Louis Stevenson lui-même s'efforça en vain d'enseigner à ceux qui venaient lui rendre visite aux Samoa la différence entre fiction et vérité. "Il arrive que des gens viennent jusqu'ici visiter ma modeste demeure. Ils admirent alors mon plafond Vanderputty et les Gobelins aux murs, et, vers la fin de la visite, un sentiment de malaise s'installe, dû à un tact infini. On les voit alors hausser leurs épaules brunies et lever les yeux au ciel, et ils finissent par lâcher : Mais où donc est la bouteille ?"

8

OÙ EST LE TRÉSOR ?

Il est fort surprenant qu'en un siècle et demi, pas une carte du trésor, pas une image-satellite, pas un détecteur de métaux n'ait indiqué le bon endroit, et que ni le zèle méthodique allemand ni le génie aventurier français n'aient mené au but, ni non plus la violence brutale de la dynamite et des bulldozers américains. En effet, on sait à peu près exactement où devrait se trouver le trésor ecclésiastique de Lima. Pour autant qu'on puisse en juger, le *Mary Dear* ne peut avoir mouillé qu'au nord-ouest de l'île, dans Chatham Bay ou Wafer Bay, seuls emplacements sûrs où un grand navire lourdement chargé puisse jeter l'ancre. De là, les hommes de Thompson n'avaient pas d'autre choix que de transporter les caisses du trésor sur des canots avançant à la rame et de les déposer sur l'une de ces deux plages ; une fois le butin déchargé, ils ne pouvaient guère avoir pénétré très avant dans les terres. Car la plage n'est large que de dix ou vingt mètres au-delà desquels, sur une pente escarpée, commence la jungle, dans laquelle on pénètre difficilement, et cela même si l'on ne traîne pas une caisse de trésor lourde d'un quintal. Pour cacher le trésor à l'intérieur de l'île, les hommes de Thompson auraient dû se frayer une voie d'au moins deux mètres de large dans les fourrés. Le chemin ainsi créé, ils auraient dû l'emprunter, lourdement chargés, plusieurs douzaines de fois dans les deux sens, ce qui en aurait fait un sentier sur lequel aucune herbe n'aurait poussé des mois durant et qui aurait longtemps été comme un tapis rouge conduisant tout droit au trésor. Or, quelques semaines plus tard, quand les soldats espagnols explorèrent les deux baies en compagnie de Thompson et de son second, ils ne trouvèrent nulle trace de végétation endommagée. Pour ces deux raisons, et aussi parce que la cachette devait être facilement et rapidement accessible, seules peuvent être envisagées raisonnablement les plages, ou encore, à la rigueur, le cours d'un petit fleuve conduisant jusqu'à l'intérieur des terres ; mais ce fleuve suit bientôt une pente raide, à travers d'énormes blocs de pierre et des bassins profonds.

Jusqu'à aujourd'hui, presque tous les chercheurs de trésor se sont concentrés sur ces deux bandes de terre de Chatham Bay et Wafer Bay, qui sont à elles deux grandes comme deux ou trois terrains de foot. Au XXe siècle, maint chercheur de trésor a étendu la zone de recherches à quelques centaines de mètres carrés de fond marin rocheux que la marée basse met à découvert. En revanche, tous les emplacements où le fond est sableux – sur le rivage comme dans l'eau – sont à exclure puisque, dans le sable, la densité élevée de l'or le ferait couler. Dans l'ensemble, le territoire qu'on a sans arrêt retourné, labouré, passé au crible ou dynamité – toujours sans le moindre succès – n'est pas bien grand. Il est donc grand temps de poser une question de fond et cette question, la voici : le capitaine Thompson a-t-il vraiment enfoui le trésor de Lima sur l'île Cocos ? Et n'est-il pas bien plus plausible qu'il ait accosté une autre île ?

Une représentation populaire et romantique est que les pirates, une fois la bataille remportée et le pillage réussi, gagnent à toute allure une île déserte et à l'écart pour, selon les cas, ensevelir le butin sur la plage, le cacher dans une grotte ou le couler à proximité du rivage. En réalité, ce fut rarement le cas. Tout d'abord, la prise n'était pas souvent constituée de pièces d'or et de pierres précieuses résistant aux intempéries et à l'eau, mais bien plutôt de café ou de soie, sucre ou tabac, toutes denrées périssables qui ne pouvaient être enfouies ni sous terre ni sous l'eau ; il fallait les convertir en argent dans le port le plus proche. Et même lorsque le butin était effectivement du métal précieux, les pirates avaient rarement la possibilité de l'enterrer quelque part, dans des conditions les plus difficiles qui soient, à seule fin de venir peut-être les y rechercher en un jour lointain. Vivant au jour le jour, ils n'agissaient pas en vue d'un avenir dont ils n'avaient guère plus à attendre qu'une balle dans la tête, un couteau dans la poitrine ou un nœud coulant autour du cou. En général, ils se partageaient le butin juste après leur rapine et mettaient le cap vers un port dont les autorités ne se montraient pas trop curieuses et où, en l'espace de quelques jours, ils dépensaient tout en boissons, en filles et au jeu en préparant leur prochaine expédition. Seuls de rares capitaines de pirates tels que Henry Every, Henry Morgan et Thomas Tew avaient assez de volonté et de finesse pour réaliser leur rêve de faire fortune rapidement, pour acheter leur liberté devant la loi et mener une vie prospère et légale en jouissant d'une considération bourgeoise.

Depuis l'époque des Thompson et Keating, il y eut toujours une poignée d'hommes convaincus d'être les seuls au monde à connaître l'emplacement exact du trésor sur l'île Cocos : dans une grotte artificielle derrière une ouverture dans une falaise ; dans une grotte naturelle visible seulement à marée basse ; sous la souche de tel ou tel palmier, à tant de pas de tel ou tel rocher et dans telle ou telle direction. La plupart du temps, on disposait de cartes dessinées à la main, d'un aspect très ancien, très uniques et on ne peut plus authentiques – mais presque aucun des propriétaires de ces cartes ne se posait la question de savoir pourquoi, au nom du ciel, Thompson, Davis ou Bonito s'était donné la peine de dessiner une carte alors que d'une part ils avaient enfoui le trésor de leurs mains et connaissaient donc parfaitement son emplacement, que d'autre part ils envisageaient certainement de venir le récupérer bientôt et qu'enfin ils ne pouvaient guère souhaiter que quiconque s'en charge à leur place.

Il est frappant que la plupart des chercheurs de trésor ne perdirent jamais leur foi inébranlable, même après les pires déceptions qui se répétaient. C'étaient toujours mille circonstances adverses qui étaient responsables de leurs échecs : certains étaient trop pauvres, trop malades ou trop riches pour entreprendre ce voyage ; d'autres étaient bien arrivés jusqu'à l'île Cocos, mais par mauvais temps, mal équipés ou avec un équipage peu sûr. Tantôt c'était le temps qui avait manqué, ou bien les autorités costaricaines avaient mis leur grain de sel, ou bien des expéditions antérieures avaient détruit les précieuses indications conduisant à l'emplacement du trésor. On alléguait continuellement toutes les explications imaginables – sauf celle-ci : que le trésor ne se trouvait tout bonnement pas là.

On pouvait certes supposer avec une probabilité assez forte que Thompson avait vraiment fait enterrer le trésor. D'une part il était constitué d'une marchandise inaltérable, d'autre part il fallait compter que l'Armada espagnole tout entière serait bientôt à ses trousses, et enfin, après avoir été capturés, tous les marins et officiers du *Mary Dear* avaient juré sous la torture, comme un seul homme, avoir enfoui le trésor sur une île nommée Cocos ; un serment à prendre d'autant plus au sérieux que la corde attendait ces quinze hommes, qui n'avaient donc guère de raisons de s'entendre sur un mensonge commun. Pourtant, après cent quatre-vingts ans de vaines recherches, le temps est venu d'envisager d'autres possibilités. Et si le *Mary Dear* n'avait pas mouillé dans Chatham ou Wafer Bay ? Dans quelle direction leur fuite aurait-elle pu alors mener le bateau en ce mois d'août 1821 ? Certainement pas vers le nord ou le sud, car aucun port de la côte ouest des Amériques du Nord, centrale et du Sud n'aurait donné asile au navire de pirates ; vers l'est, en direction de l'océan Atlantique, non plus, car le *Mary Dear*, ce léger voilier, n'aurait pas pu traverser les tempêtes du cap Horn ; la seule issue restait donc l'ouest, vers le large du Pacifique. Et là, effectivement, la première possibilité qui se présentait était l'île Cocos. Or un capitaine aussi avisé et expérimenté que Thompson aurait pu se dire qu'un repaire aussi visible n'échapperait pas non plus à la marine espagnole et qu'il pourrait être sage de continuer à voguer vers l'ouest en se laissant entraîner par le fort courant du Pacifique. Pour mettre la plus grande distance possible entre lui et ses poursuivants, le capitaine Thompson aura mis toutes voiles dehors pour mener son bateau au plus vite et au plus loin de Lima, du Pérou et de l'Amérique du Sud.

Cela étant posé, on peut imaginer ceci : conformément aux ordres reçus, le *Mary Dear* croisa vers l'ouest à contre-vent avant de disparaître à l'horizon. Puis il se laissa porter vers le nord-ouest par le courant froid de Humboldt le long de la côte d'Amérique du Sud, ce qui le mena jusqu'aux îles Galápagos, où le capitaine Thompson captura peut-être quelques douzaines de tortues comme provisions vivantes. Ensuite, au sud de l'île Cocos, le courant de Humboldt débouche vers l'ouest dans le courant chaud équatorial sur lequel le *Mary Dear*, porté par de puissants alizés, vogua sans encombre. En août, la violente saison des pluies était encore loin ; qui sait s'ils ne se rapprochèrent pas rapidement de l'archipel polynésien. À supposer qu'un temps favorable ait duré, les pirates passèrent les Marquises au bout de quelques semaines peut-être et se laissèrent porter quelques jours de plus vers le sud-ouest par le courant équatorial qui les conduisit au large de Tahiti, des îles de la Société et des îles Cook et là, si leur trajet suivait son cours normal, ils devaient rencontrer directement les Samoa et les Tonga.

D'ailleurs, quinze ans plus tôt, le bateau de flibustier *Port au Prince* avait déjà prouvé qu'une rapide traversée du Pacifique était possible lorsque après avoir semé la terreur pendant deux ans sur la côte ouest de l'Amérique espagnole, il avait dû fuir les galions espagnols à l'approche. Le 29 novembre 1806, il avait jeté l'ancre dans le royaume des Tonga devant l'île Lifuka. Mais deux jours plus tard, le *Port au Prince* avait été pris d'assaut par des insulaires hostiles. Ils massacrèrent les flibustiers et leur dérobèrent leur butin d'or avant de conduire le navire de pirate jusqu'au rivage et d'y mettre le feu pour récupérer dans la cendre les précieux morceaux de fer. Avec ce fer, des forgerons tongiens forgèrent couteaux, lances et haches de guerre, dont certaines furent sans doute conservées jusqu'à nos jours dans quelque malle ; l'or, quant à lui, demeura introuvable.

S'il fallait encore une autre preuve que la voie pour fuir le Pérou conduit directement à l'archipel polynésien, elle fut fournie cent quarante et un ans après le *Port au Prince* par l'anthropologue norvégien Thor Heyerdahl. Pour étayer sa thèse selon laquelle les îles des mers du Sud avaient été peuplées à partir de l'Amérique du Sud, il prit la mer le 28 avril 1947 sur son radeau en troncs de balsa, le *Kon Tiki* depuis le port de Callao – ce même port où le *Mary Dear* avait chargé le trésor de Lima. Le *Kon Tiki* dériva sur le courant de Humboldt en direction du nord-ouest, passant devant les Galápagos puis sur huit mille kilomètres en pleine mer sur le courant équatorial sud jusqu'à l'atoll de Raroia à l'est de Tahiti, où il s'échoua et se brisa le 7 août 1947 au cent unième jour de l'expédition.

D'un point de vue nautique, bien des choses portent à croire que le capitaine Thompson avait déchargé le trésor de Lima sur une plage de sable à l'écart, qui n'était justement *pas* sur l'île Cocos, mais se situait à six ou sept mille milles marins à l'ouest de Chatham Bay – il se serait alors trouvé tout près de ce bout de jungle que Robert Louis Stevenson devait acquérir soixante-huit ans plus tard. Il est difficile de dire sur laquelle des innombrables îles des mers du Sud cela se produisit ; le fait est que le capitaine et son équipage donnaient à cette île aussi le nom d'île Cocos. On peut en outre penser qu'ils ramèrent sur les canots pour transporter les lourdes caisses jusqu'au rivage avant de les traîner sur la plage pour les enfouir dans un terrain solide à l'intérieur des terres ; et l'on peut supposer qu'une fois cette tâche accomplie, ils levèrent l'ancre au plus vite pour regagner le large sans être vus et revenir un jour ou l'autre, dès que les Espagnols ne seraient plus sur leurs talons.

Aucune autre possibilité ne s'offrait à Thompson ; car les immensités sans fin et les taches blanches sur la carte, où un navire hors la loi aurait pu se dérober au long bras des autorités, n'existaient plus depuis longtemps*. Sur tous les océans il n'y avait plus guère de port à peu près accessible qui ne fût attentivement observé par un consul britannique et un consul français ainsi que par des représentants officiels des Pays-Bas, de l'Espagne, du Portugal, d'Allemagne et des États-Unis. Partout se trouvaient des courtiers d'assurance des Lloyd's qui informaient

* C'est ce dont les révoltés du *Bounty* avaient déjà dû faire l'expérience trente-deux ans auparavant lorsque le 28 novembre 1789 ils avaient abandonné leur capitaine William Bligh en pleine mer sur une barcasse de sept mètres cinquante de long – tout près, du reste, de l'île Tofua dans les Tonga. La plupart des mutins furent capturés deux ans plus tard par l'Amirauté britannique, enchaînés et reconduits en Angleterre ; seuls neuf d'entre eux réussirent à s'enfuir à l'île Pitcairn, probablement l'île la plus écartée de toutes les îles de mers du Sud, dont la position exacte n'était pas encore connue alors. Dans cette solitude, ils en vinrent à se quereller et se tuèrent tous les uns les autres en l'espace de quelques années. Mais leurs descendants vivent aujourd'hui encore sur l'île Pitcairn.

Londres de tous les mouvements de bateaux et relevaient tout ce qu'il fallait savoir de l'origine, de la destination, du chargement et de l'équipage. Aussi, pour les hommes du *Mary Dear*, la seule issue possible était-elle le retour à la légalité. Ce qui veut dire qu'il leur fallait retourner en Amérique espagnole et se refaire une vertu devant la loi en inventant une histoire aussi crédible que possible.

C'est ce qu'ils firent. Le capitaine Thompson, avec l'expérience qu'il avait du commandement des vaisseaux, aura mis le cap vers le nord pour quelques jours, d'ici à ce que le *Mary Dear* ait passé l'équateur ; à proximité immédiate de l'équateur, côté nord, le contre-courant équatorial coule vers l'est toute l'année en continu à une vitesse de deux nœuds à l'heure. Un bateau qui se laisse porter par lui rejoint à coup sûr le continent américain à la hauteur du Costa Rica. Et c'est précisément là – un fait historique prouvé – que le capitaine Thompson et ses hommes furent découverts par une frégate espagnole, mis aux fers et emmenés pour subir un interrogatoire.

9

L'AVENTUREUSE TRAVERSÉE DE WILLEM SCHOUTEN ET JACOB LEMAIRE

SI LE CAPITAINE THOMPSON cacha le trésor de Lima non pas au large du Costa Rica, mais bien plus loin à l'ouest, dans l'archipel des mers du Sud, alors où donc ? Il est utile, pour reconstituer l'itinéraire du *Mary Dear*, de consulter les journaux de bord des premiers marins chrétiens dans le Pacifique.

Deux siècles avant le *Mary Dear*, un bateau s'était risqué à quitter les côtes d'Amérique du Sud pour gagner le large du Pacifique sur le courant équatorial, voguant durant des jours et des semaines en direction du couchant. C'était le trois-mâts néerlandais *Eendracht* (le Concorde) qui, placé sous le commandement de Jacob LeMaire, fut en 1616 le premier navire à contourner le cap Horn, à traverser le Pacifique et à faire une intéressante découverte.

Jacob LeMaire était le fils aîné d'Isaac LeMaire, le plus riche citoyen de Hoorn, port néerlandais, non loin d'Amsterdam. En juin 1615, son père l'avait envoyé avec deux navires – l'*Eendracht* et le *Hoorn* – découvrir une nouvelle route commerciale vers les Indes orientales ; il ne devait pas partir vers l'est par la voie habituelle contournant l'Afrique et continuant par l'océan Indien, mais vers l'ouest, traverser l'Atlantique, passer la pointe méridionale de l'Amérique du Sud et explorer le Pacifique encore inconnu.

Le vieil Isaac LeMaire avait acquis sa grande fortune grâce à ses investissements dans des expéditions commerciales vers la Chine, les Indes orientales et les Caraïbes, ainsi lorsque, en 1595, des commerçants néerlandais partirent pour l'Indonésie pour briser le monopole des Portugais dans le commerce des épices. Il l'était également lorsque, en 1597, pas moins de quatre compagnies des Indes orientales virent le jour dans plusieurs villes néerlandaises, compagnies qui envoyèrent dans les cinq années suivantes soixante-cinq navires à Sumatra, Java, Bornéo et les Philippines, boutant les Portugais hors du marché. À la suite de cela, lorsque les quatre compagnies des Indes orientales se livrèrent une ruineuse guerre des prix, Isaac LeMaire fut l'un des premiers à saisir l'une des lois fondamentales de l'économie de marché : la loi selon laquelle la concurrence entre négociants, si elle stimule les affaires, réduit aussi les marges de bénéfice. Aussi, afin de s'assurer d'obtenir pour le poivre, la cannelle, la muscade et le clou de girofle les prix de vente maximaux pour des prix d'achat minimaux, les quatre compagnies fusionnèrent le 20 mars 1602 en une seule maison commerciale, la Vereenigde Oost-Indische Compagnie (VOC), la Compagnie néerlandaise des Indes orientales. La première nouveauté de cette compagnie était que les riches négociants n'étaient pas les seuls à investir leur argent, mais que des artisans, des domestiques et des employés de maison pouvaient aussi souscrire des parts. La seconde était que le capital n'était pas placé sur une seule expédition, mais à long terme ; la VOC fut ainsi la première société moderne par actions au monde.

De ce jour, la compagnie revendiqua le droit exclusif sur tous les échanges commerciaux entre les Pays-Bas et l'Asie orientale. Aucun autre navire néerlandais n'était autorisé à franchir le cap de Bonne-Espérance ni le détroit de Magellan pour gagner les Indes orientales. Quiconque enfreignait cette interdiction encourait de lourdes amendes et le cachot.

La VOC devient la plus grande entreprise du monde. Dans les deux siècles qui suivirent, elle livra des guerres de conquête d'une cruauté inimaginable, construisit des forteresses, citadelles et stations de ravitaillement le long de ses routes commerciales ; il sortit des chantiers navals que possédait l'entreprise mille six cents navires qui firent en tout six mille voyages dont ils rentrèrent toujours abondamment chargés de poivre javanais, de porcelaine chinoise, d'éléphants de Ceylan et de coton de la côte de Coromandel. Cent vingt expéditions seulement, donc deux pour cent, se soldèrent par la perte du navire.

Dès le début, Isaac LeMaire fut le principal actionnaire et le directeur influent de la compagnie ; les quatre-vingt-dix-sept mille couronnes qu'il y avait investies rapportèrent des dividendes fabuleux. Néanmoins, dès la première année qui suivit la fondation de la VOC, LeMaire identifia une autre loi de l'économie de marché : l'intégration à une entreprise monopolistique avait beau garantir de fortes marges de bénéfice pour un risque minimal, elle empêchait le négociant épris de liberté de s'épanouir individuellement. C'est pourquoi il arma, dans le dos de la compagnie dont il était l'actionnaire principal, une flotte de quatorze bâtiments qui partirent pour les Indes – contournant le monopole et économisant toutes les charges qu'il aurait dû verser à la Compagnie. Les quatorze bateaux revinrent sains et saufs, la vente du chargement produisit des gains faramineux ; c'est alors que l'affaire s'ébruita. Les actionnaires de la Compagnie, craignant pour leur monopole, accusèrent LeMaire de tromperie et de collusion d'intérêts, et ce dernier dut démissionner peu dignement du directoire de la VOC.

De ce jour, LeMaire eut pour but dans la vie de briser le monopole commercial de la Compagnie des Indes orientales en ouvrant une autre route maritime. Si les itinéraires passant par le Sud-Est lui étaient interdits, il irait en Asie en passant par la banquise inexplorée du Nord, en longeant la côte norvégienne jusqu'au cap Nord pour continuer ensuite, entre le pôle Nord et la Sibérie, jusqu'au Japon, en Chine et en Indonésie. Dans l'Arctique, toutes sortes de périls attendaient une expédition commerciale ; mais si le passage par le Nord-Est réussissait, la distance pour gagner les Indes orientales depuis l'Europe serait divisée pratiquement par deux.

LeMaire n'ayant trouvé aux Pays-Bas aucun associé, il se tourna vers la France catholique ; c'était là, en pleines guerres de religion, une manœuvre hardie pour un négociant calviniste. Mais le trône de France était occupé par un souverain, Henri IV, qui avait été calviniste et ne s'était reconverti au catholicisme que pour la forme. Le roi était très intéressé par la fondation d'une compagnie française des Indes orientales. LeMaire et Henri IV tombèrent d'accord pour affréter un navire sous pavillon néerlandais et commandé par un capitaine néerlandais ; si le navire venait à découvrir un nouveau passage, il hisserait le drapeau des Bourbons, il rentrerait directement en France et la route serait baptisée du nom du roi.

L'expédition démarra le 5 mai 1609 et mit le cap vers le nord, dépassa la Norvège, la Finlande et le Svalbard avant de tourner, bien au nord du Cercle polaire, dans la mer de Barents. Mais le pavillon français ne devait jamais être hissé. Après trois mois de traversée, l'hiver polaire arriva, la banquise se forma et le navire, incapable d'avancer, dut faire demi-tour. La collaboration de LeMaire avec la France prit fin peu après, lorsque Henri IV fut assassiné par un catholique fanatique.

Cela ne fit pas démordre LeMaire de son but, qui était de briser le monopole de la VOC. Si le passage du Nord-Est n'était pas possible, alors il tenterait sa chance dans la direction opposée, au sud-ouest. Certes, le monopole incluait également la route de Magellan, qui passait entre le continent sud-américain et les îles de l'archipel de la Terre de Feu. Mais si le navire de LeMaire, laissant la route de Magellan à tribord, passait plus au sud, par la pointe méridionale de la Terre de Feu pour déboucher dans le Pacifique, ce nouvel itinéraire maritime encore jamais emprunté ne contreviendrait pas à la lettre de la loi. LeMaire s'allia dans le plus grand secret à un négociant expérimenté de Hoorn et au capitaine Willem Schouten, et ensemble ils armèrent deux navires qui quittèrent les Pays-Bas le 14 juin 1615. L'*Eendracht*, navire d'une jauge de deux cent vingt tonnes, était placé sous le commandement de Willem Schouten, et le *Hoorn*, moitié moins grand, sous celui du fils de LeMaire, Jacob. La destination du voyage devait rester hautement confidentielle ; même l'équipage n'en fut informé que quatre mois plus tard, alors que la côte brésilienne était déjà en vue. Le 8 décembre, l'expédition entra dans le port de Puerto Deseado, où les deux navires, qu'attendait le contournement de la pointe méridionale de l'Amérique du Sud, partie la plus difficile de leur voyage, devaient être révisés et ravitaillés. Mais, alors qu'on brûlait des zostères, la coque du *Hoorn* prit feu et sombra dans le bassin du port en dégageant force fumée et vapeur ; les hommes de l'équipage eurent tout juste le temps de transporter les huit canons, l'ancre, et eux-mêmes sur l'*Eendracht*. Lourdement chargé et avec un double équipage, le seul navire subsistant poursuivit sa route. Comme prévu, l'*Eendracht* dépassa la route de Magellan et, le 25 janvier 1616, il fut entraîné par un courant favorable vers le détroit espéré, au sud de la Terre de Feu. Le 29 janvier, l'*Eendracht* atteignit enfin le point le plus méridional de son voyage. En l'honneur de sa ville d'origine, Schouten nomma le cap Kapp Hoorn. Un mois durant, le navire vogua vers le nord sur une mer difficile le long de la côte chilienne ; mais, fin février, l'*Eendracht* fut pris par ces mêmes vents propices et courants bienveillants qui, des siècles plus tard, devaient aussi porter le *Port au Prince*, le *Mary Dear* et le *Kon Tiki* vers l'ouest à travers le Pacifique. Willem Schouten et Jacob LeMaire tinrent consciencieusement leur journal de bord et cartographièrent leur itinéraire.

Après un bon mois, les premières îles des mers du Sud furent en vue. Harassés, les hommes descendaient à terre dès que la possibilité s'en présentait pour s'approvisionner en viande et en fruits et pour remplacer par de l'eau fraîche l'eau gâtée des tonneaux. Ils rencontrèrent bientôt des insulaires. "Ces gens étaient entièrement nus, aussi bien les femmes que les hommes, avaient seulement un bout de tissu devant leurs parties honteuses. (…) Ils étaient de couleur rouge et se frottaient ou oignaient de certaine huile ou quelque autre graisse, les femmes avaient les cheveux taillés court, et les hommes les portaient fort longs et colorés très noir. Leur bateau était de merveilleuse facture et de forme étrange (…), était fait de deux longs et beaux canoës, entre lesquels il y avait un bon espace, environ au milieu d'iceux y avaient deux planches fort larges de bois rouge élevées sur leur bord (…) ; c'étaient des marins bien accommodés à naviguer, ils n'avaient ni boussoles ni autres instruments marins, mais seulement des hameçons pour pêcher, desquels le supérieur était de pierre et le plus bas de quelque os noir, ou d'écaille de tortue, aucuns aussi de coquilles de perles."

Le 10 mai 1616, une petite île volcanique de forme conique apparut à l'horizon et, non loin de là, à la distance de deux ou trois tirs de canon, une deuxième île plus plate. "(Nous) découvrîmes, écrit Willem Schouten, la terre environ à huit lieues de nous, se montrant fort haut et bleue, vers laquelle nous dressâmes notre cours, et bien que nous eussions le vent à gré et qu'il soufflât assez fort, nous ne la pouvions de tout ce jour approcher, à cause de quoi nous voguâmes toute la nuit çà et là, pour attendre le jour suivant, sur le soir nous vîmes une voile et peu après encore une, étant une bonne distance de la terre, lesquels à notre avis étaient pêcheurs, car bien souvent ils naviguaient çà et là, en la nuit ils faisaient des feux et approchaient l'un l'autre. Le lendemain matin, nous arrivâmes à la pointe du jour près d'une île qui était fort haute. (…) L'une des susdites voiles ou navires vint vers nous ; nous laissâmes aller un baquet dans leur direction, pensant qu'ils le prendraient à bord, mais ils ne le purent atteindre, sur quoi un homme se jeta hors du bord et le saisit. Sur quoi ils détachèrent le baquet de la corde, et mirent derechef à la corde deux noix de cocos, et trois ou quatre poissons volants, nous appelant bien fort ; mais nous ne les pouvions comprendre, toutefois nous pensions que cela signifiait que nous retirassions derechef la corde à bord. (...) Aussitôt que nous fûmes ancrés, vinrent trois navires qui çà et là naviguaient alentour de notre bord ; aussi neuf ou dix canoës à bord, tant de la terre que des navires, entre autres y en avait deux qui laissèrent voler deux banderoles blanches, en signe de paix ; ce qu'aussi nous fîmes. Leurs canoës, qui avaient chacun trois ou quatre hommes, étaient plats par-devant et pointus par-derrière, entièrement faits d'une pièce de bois rouge, avec lesquels ils savaient gâcher merveilleusement vite ; et étant venus auprès du navire, ils sautèrent dehors, et vinrent à nage à notre bord, ayant les mains pleines de noix de coco et de racines Ubes, qu'ils changèrent contre nous pour des clous et pour du corail, de quoi ils étaient fort désireux, ils donnaient quatre ou cinq noix de cocos pour un clou, ou pour un petit grain de corail, de sorte que nous changeâmes ce jour pour bien 180 noix ; voire ils nous vinrent si dru à bord sur la fin que nous ne savions presque duquel côté nous tourner. Nous envoyâmes notre chaloupe pour aller vers l'autre île, pour voir s'il ne serait pas meilleur d'ancrer là, car nous étions trop à l'ouverte mer, si tôt donc que la chaloupe fut en bas, et allant le long de la rive, fut environnée de douze ou treize canoës de l'autre île, d'où ils en vinrent encore plusieurs autres, desquels les gens semblaient être comme enragés, ayant en leurs mains certains bâtons de bois dur (...) ayant la pointe de devant aiguë et un peu brûlée, ils abordèrent notre chaloupe, et la pensaient prendre, nos gens voyant qu'il était besoin de leur défendre, ils tirèrent trois fois avec un mousquet entre eux, de quoi au commencement ils ne firent que se rire et moquer, estimant n'être qu'un jeu d'enfant, mais la troisième fois, l'un d'iceux fut tiré en la poitrine, de sorte qu'il ressortit par-derrière, ce que voyant, s'en allèrent avec leurs compagnons et navires vers lui pour lui aider."

Le matin du 12 mai, il pleuvait. Cette fois, une flotte de trente-cinq canoës, tous lourdement chargés de noix de coco et autres fruits, s'approcha de l'*Eendracht*. Il régna bientôt un tel grouillement autour du bateau que les hommes, rassemblant leurs affaires, sautaient dans l'eau et plongeaient en dessous des autres canoës pour parvenir jusqu'à la coque. Ils furent si nombreux à grimper sur le bord que les marins les frappaient avec des bâtons. Et quand l'un, ayant tout de même réussi son ascension, conclut son marché, il ressauta ensuite par-dessus bord et regagna son canoë à la nage.

> Le 13 jour du matin vinrent bien 45 canoës près de notre bord, pour trafiquer avec nous, avec une armada de bien 23 voiles, comme des traîneaux à glace, qui avaient l'un par l'autre chacun environ 25 hommes, et les petits canoës 5 ou 6, sans savoir ce qu'ils voulaient faire. Les canoës trafiquèrent encore tous avec nous, en changeant des noix de coco pour des clous, et se comportaient encore comme s'ils eussent été nos fort bons amis, mais nous le trouvâmes bien autrement après. Ils firent encore tous signe que nous allassions vers l'autre

île. Le Roi ou Supérieur qui avait été près de nous le jour de devant vient aussi avec un navire à voile, près de nous, et crièrent tous ensemble fort haut. Nous l'eussions volontiers reçu au bord, mais il ne voulut point, ce que nous ne trouvions pas fort bon, craignant quelque chose de mal, voire d'autant plus que tous leurs navires et canoës se tenaient tout proche à l'entour de nous, et que le Roi s'approcha en son navire. Nous étions bien d'accord pour l'accueillir à bord, mais il refusa, ce que nous prîmes tous pour un mauvais signe. Et cela d'autant que tous les canoës et voiliers se regroupaient toujours plus tout autour de nous. Sur le navire du Roi, ils frappèrent alors incontinent sur un tambour qui était sur son navire, et alors tout son peuple commença à crier fort haut, ce que nous pensions signifier qu'ils se voulaient tous jeter sur nous, pour nous ôter le navire.

Le bateau du roi portait sur la voile un coq rouge-gris ; derrière lui, tous les voiliers et canoës se rangèrent en ordre de bataille, avant d'attaquer en hurlant furieusement. Les insulaires étaient armés de pierres, les Néerlandais de mousquets. Après deux ou trois salves, plusieurs morts et blessés étaient à la mer, et les assaillants, paniqués, prirent la fuite.

Nous avançâmes notre voyage allant ouest et ouest quart au sud. Nous estimions que cette fois le Roi y eut amené toute sa force, car il avait bien 1 000 personnes et plus, entre lesquelles nous en vîmes un qui fut blanc. Quand nous fûmes environ à 4 lieues de l'île, plusieurs de nos gens désiraient que nous retournassions vers l'île, pour aller à terre par force,

> pour avoir du rafraîchissement, pour ce aussi que nous avions peu d'eau, mais cela fut rompu par le maître de navire.

Au lieu de quoi Willem Schouten et Jacob LeMaire se retirèrent dans la salle des cartes pour continuer le journal de bord et la carte. La plupart des agresseurs étant venus de l'île étirée et plate, ils baptisèrent celle-ci Verrader Eylandt, l'île des Traîtres. Quant à l'île volcanique élevée, ils la nommèrent, sans doute à cause de ses nombreux cocotiers :

COCOS EYLANDT

Sur la carte de Schouten et LeMaire, elle se situe à 16 degrés 10 minutes de latitude sud. C'est une mesure assez précise ; les instruments modernes de navigation, aidés par les satellites, calculent 15,85 degrés de latitude sud et 173,71 degrés de longitude ouest. On ne saurait reprocher aux deux Néerlandais de n'avoir pas indiqué la longitude ; jusqu'au XVIIe siècle, les expéditions commerciales ne disposaient pas des moyens techniques suffisants.

Il existe donc une seconde île Cocos, oubliée, située à deux mille kilomètres au sud et huit mille kilomètres à l'ouest de cette île Cocos des côtes d'Amérique centrale dont il a été longuement question. Mais surtout, les Samoa ne sont qu'à une distance de deux cent soixante-sept kilomètres ; par temps clair, on aperçoit depuis le sommet du volcan les nuages au-dessus des collines d'Upolu. Cocos Eylandt conserva son nom néerlandais sur de nombreuses cartes maritimes des XVIIe et XVIIIe siècles.

Ce nom ne tomba dans l'oubli qu'au début du XIXe siècle, où il fut remplacé par le nom polynésien de Tafahi*.

* Certaines publications conservent le nom néerlandais jusqu'à l'époque de Robert Louis Stevenson. Le *Nouveau dictionnaire de géographie universelle* français écrivait en 1879 que l'océan Indien et l'océan Pacifique comptaient plusieurs îles Cocos ; il mentionne celles du golfe du Bengale (Keeling Islands), un archipel au nord-est de la Papouasie-Nouvelle-Guinée ainsi que Tafahi et l'île Cocos au large de l'Amérique.

10

“QUELQUE CHOSE DÉRAILLE ?”

L’OBSERVATEUR INGÉNU remarquera que ces deux îles Cocos se ressemblent tant que c’en est inouï. Toutes deux ont la forme conique typique des volcans éteints, toutes deux culminent à la même altitude, ont à peu près la même superficie et sont recouvertes de cocotiers. Exception faite de leur situation géographique, elles se distinguent surtout en ceci : celle qui se trouve au large du Costa Rica est l’île au trésor la plus célèbre au monde, tandis que celle située au sud des Samoa n’a encore jamais été officiellement fréquentée des chercheurs de trésor.

Sur le fait qu’il se soit établi en décembre 1889 presque à portée de vue d’une seconde île Cocos, Robert Louis Stevenson n’a jamais dit un mot. De tous les écrits qu’il a laissés, aucun ne mentionne une île Cocos : ni lettre, ni poème, ni nouvelle, ni l’un de ses romans des mers du Sud ; aucune des deux îles n’est citée, même sous le nom polynésien de Tafahi. Louis n’a pas évoqué l’île voisine des Samoa au sud ; or ce silence ne va pas sans susciter la méfiance quand on sait que, pour lui, pas une île de l’ensemble des mers du Sud n’était trop écartée ni trop insignifiante pour valoir la peine d’être visitée, et qu'il rendait compte méticuleusement de tous ses voyages dans ses lettres, reportages et romans. Durant les sept années qu'il vécut dans le Pacifique, il voyagea infatigablement d'une île à l'autre, entreprenant depuis les Samoa de petits voyages sous les étoiles avec son ami le missionnaire William Clarke, ou avec le consul américain Sewall, ainsi que d'autres excursions en navire postal, au nord jusqu'à Hawaii, au sud jusqu'à l'Australie et la Nouvelle-Zélande, ce qui le mena plusieurs fois au large de Tafahi. Son cousin et biographe officiel Graham Balfour relève que Louis, avant l'époque des Samoa, "passait presque autant de temps à visiter d'autres îles du Pacifique. Même en s'étant préparé consciencieusement à la vie qui l'attendait, il n'aurait pu choisir itinéraire plus habile, ni pratiquer un entraînement plus scrupuleux. Dans ses voyages, il a eu des occasions exceptionnelles de recueillir des informations ; à l'époque de sa mort, tout au plus deux ou trois personnes ayant une culture et une intelligence comparables en savaient autant sur les mers du Sud que Robert Louis Stevenson".

Dans un large rayon autour des Samoa, il n'est guère d'archipel que Louis n'ait visité. La pure curiosité le conduisit sur les îles Gilbert et les îles Marshall, en Nouvelle-Calédonie et sur les îles Ellice ; il vit Olosenga, Pukapuka et Manihiki ; l'île Nassau et l'île de Penrhyn, où sévissait la lèpre, et Suwarrow où, depuis la nuit des temps, on suppose que des trésors de pirates sont enterrés – mais Tafahi, qui se trouvait pour ainsi dire devant chez lui, n'a pas droit à un seul mot dans l'ensemble de ses écrits.

Au vu de ce contexte, on se demande de nouveau pour quelles raisons Louis avait bien pu s'installer si subitement et définitivement aux Samoa, un endroit fort quelconque parmi toutes les splendeurs que comptent les mers du Sud. Étonnamment, pas un des quelque cent cinquante auteurs qui ont écrit une biographie de Stevenson ces cent dernières années ne se penche vraiment sur cette question. Tous sans exception considèrent comme établi et ne requérant aucune autre explication le fait que Louis soit resté aux Samoa avant tout pour des raisons de santé. Le fait est que l'écrivain raconte sans relâche dans ses lettres avoir repris des forces, passer des heures en selle, nager dans l'océan et marcher des journées entières dans les montagnes. Ces fanfaronnades ne lui ressemblent pas et ne sont guère vraisemblables ; certes, ces annonces victorieuses à propos de sa santé servaient à rassurer ses amis et sa famille qui s'inquiétaient dans la lointaine Grande-Bretagne. Mais nombre de petites notations – souvent pour demander qu'on l'excuse de répondre tardivement à une lettre – indiquent sans équivoque qu'il était sujet à ses accès de fièvre au moins aussi fréquemment qu'en Californie ou dans le sud de la France, qu'ici il crachait le sang tous les quelques mois tout comme à Davos ou Édimbourg, et qu'aux Samoa tout comme n'importe où au monde, le moindre rhume le mettait à l'article de la mort.

5 DÉCEMBRE 1889 : "Tout va à merveille, à part la santé. Il faut dire qu'un régime si long avec la maigre nourriture des îles, c'est une épreuve."
7 MARS 1890 : "Ce séjour à Sydney m'a amplement fourbu."
13 JUILLET 1890 : "À mon grand chagrin, il va sans dire, j'ai recommencé à cracher le sang."

AOÛT 1890 : “Je me sens si patraque, si épuisé, je voudrais ne plus rien faire que dormir.”
AOÛT 1890 : “Me voilà de nouveau alité.”
NOVEMBRE 1890 : “En ce moment, j’ai de la fièvre.”
JANVIER 1891 : “Il me faudrait consulter un opticien ; je suis presque aveugle. Il m’arrive de ne plus pouvoir lire.”
FÉVRIER 1891 : “J’ai eu à Sydney une attaque qui m’a terrassé.”
MARS 1891 : “Me voici de nouveau d’aplomb, après une fièvre brûlante.”
AVRIL 1891 : “Après avoir passé récemment vingt-trois heures sur un bateau non couvert, je suis passablement mal en point. Mais ce n’est pas cela qui me tuera.”
JUIN 1891 : “J’ai de nouveau un peu de fièvre.”
JANVIER 1892 : “J’ai passé tout le mois grippé… pendant trois semaines je n’ai pas touché un crayon.”
MARS 1892 : “Je suis un vieux squelette, mais sain.”
MAI 1892 : “J’ai eu mercredi une affreuse attaque. Je suis une épave, comme en témoignent sans doute l’écriture et le style de ces lignes. Si seulement je pouvais mourir de mort violente, quel succès ce serait ! Je veux mourir dans mes bottes. Noyé, tué d’un coup de feu, jeté à bas du cheval, ou pourquoi pas à une potence – tout est préférable à ce lent délabrement.”
AOÛT 1892 : “Mon intestin fait du grabuge, je viens de prendre quinze gouttes de laudanum.”
30 SEPTEMBRE 1892 : “*David Balfour* (son nouveau roman ; remarque de l’auteur) est achevé, et son auteur avec, ou presque.”
28 OCTOBRE 1892 : “J’ai été enquiquiné par une fièvre avec mal au bras.”

JANVIER 1893 : "Je n'ai pas été dans mon assiette : d'abord une fièvre qui ne voulait rien savoir, puis une dyspepsie aiguë."
24 JANVIER 1893 : "Nous avons eu huit cas de grippe avec dans un cas – le mien – le vieux camarade Crachat-de-Sang pour aggraver les choses."
7 AVRIL 1893 : "Je me suis presque éteint."
2 JUIN 1893 : "Je suis presque mort : troubles digestifs, trop fumé, trop de travail sans résultat."
18 JUIN 1893 : "Je suis dans un état épouvantable, j'ai arrêté de fumer et de boire ; eh oui, les deux. Plus de vin, plus de tabac."
AOÛT 1893 : "Il me faut renoncer au tennis. J'ai eu, comme il fallait s'y attendre, une brève et violente hémorragie."
7 DÉCEMBRE 1893 : "J'ai été très retardé récemment, car j'ai eu le plaisir de mener jusqu'à leur terme deux maladies considérables."
AVRIL 1894 : "Quant à la santé, je vais mieux de jour en jour. J'aurais dû mourir jeune, mais les dieux ne m'aiment pas."
JUIN 1894 : "Un mauvais refroidissement m'a valu de passer deux semaines alité ; je continue d'avoir de violentes quintes de toux la nuit."
SEPTEMBRE 1894 : "Je pense à ma fin. Cela fait si longtemps que j'attends la mort."
OCTOBRE 1894 : "Chez moi, tout va bien, excepté le fait peu appétissant que je ne suis plus aussi jeune que je l'ai été."
1ER DÉCEMBRE 1894, trois jours avant sa mort : "J'ai perdu le sentier qui nous permet de descendre facilement et naturellement la pente. Je fonce tout droit. Et là où je dois descendre, il y a un précipice."

Non, décidément : Robert Louis Stevenson n'était pas en bonne santé aux Samoa. Il est même très étonnant que la légende de sa guérison se soit maintenue si obstinément contre toute évidence. Car il n'est tout bonnement pas vrai que le climat samoan ait été bénéfique à Robert Louis Stevenson – un climat où la dengue, l'éléphantiasis ou de graves épidémies de grippe et de rougeole décimaient des contrées entières. La vérité est que Louis était malade et alité toutes les quelques semaines ; qu'il payait d'une hémorragie le moindre match sur le court de tennis privé ; enfin, le fait est que Louis, une fois qu'il eut posé le pied sur les Samoa, n'avait pas cinq années à vivre. Qui sait s'il n'aurait pas vécu plus longtemps en Écosse.

De même, les photos de famille que le photographe de cartes postales John Davis réalisa en mai 1892 sur la véranda de Vailima révèlent une vérité tout autre que celle divulguée officiellement. Elles montrent un homme mature, qui se tient droit bravement et regarde l'appareil avec la dignité d'un chef de clan écossais – mais absolument pas un héros juvénile à la santé de fer nageant des heures dans l'océan. Ce qu'on voit sur ces photographies, c'est un homme qui porte la mort gravée sur le visage. Sa silhouette est plus osseuse, ses cheveux plus clairsemés que jamais. Ses joues sont bordées de deux cernes de mauvais augure. Peut-être Louis goûtait-il comme un adolescent le plaisir aventurier de gagner sur un petit voilier des îles volcaniques ; peut-être jouer au patriarche dans sa résidence de la jungle le revigorait-il. Mais qu'il ait recouvré la santé aux Samoa au point ne plus envisager vivre en un autre endroit au monde, c'est là une légende soigneusement entretenue par Louis, qui avait peut-être de bonnes raisons pour cela. Une seule fois il lui arriva de se contredire, lorsqu'il déclara dans une interview accordée au *Christchurch Press* néo-zélandais : "Si je me trouvais aux Samoa pour des raisons de santé, je préférerais aller en enfer. Honolulu m'a fait tout autant de bien, et les hauteurs des Alpes probablement encore plus. Si j'ai choisi les Samoa au lieu de Honolulu, c'est pour une raison simple et éminemment satisfaisante : parce que c'est moins civilisé."

Si les raisons n'étaient pas médicales, étaient-elles peut-être… psychiques ? Les Stevenson étaient-ils si heureux dans leur jungle paradisiaque qu'ils ne pouvaient plus imaginer de retourner dans la civilisation ? À lire les Mémoires officiels de chacun des membres de la famille, on serait porté à le croire. Dans ses lettres, Louis décrit lui-même la vie de famille à Vailima – presque toujours – sous les couleurs les plus gaies ; Fanny, dans son journal, relate ces années comme la robinsonnade durablement heureuse d'une famille dont les membres nourrissent un amour mutuel sans ombre. Sa fille Belle peint le quotidien aux Samoa dans les tons pastel les plus doux, et Lloyd Osbourne assure dans ses souvenirs : "Stevenson ne fut peut-être pas toujours heureux à Vailima, mais il y a une chose dont je suis sûr : il y était plus heureux qu'il ne l'aurait été partout ailleurs dans le monde."

Or, là aussi, l'observation des portraits de famille révèle une vérité tout autre. Ce n'est pas une famille heureuse qui s'est rassemblée ici sur le perron de la véranda de Vailima. Sur aucun des clichés elle n'a réussi à produire une apparence d'harmonie, même pas pour les quelques secondes nécessaires, au contraire : chacune des photographies est le portrait d'une famille dont les membres sont prisonniers de la toile d'araignée des revendications, aversions et dépendances mutuelles. Le centre de la scène est toujours Louis, le digne patriarche. Sur sa droite est assise sa mère, droite comme un cierge avec sa coiffe blanche de veuve. Sur sa gauche trône son épouse, Fanny – volcan de sentiments violents, prêt à entrer en éruption à tout instant. Sur la marche supérieure se tient, dandy juvénile avec son chapeau blanc, ses bottes de cavalier et son costume tropical d'un blanc impeccable, Lloyd, nostalgique, dans la solitude de l'île, des trépidations de la vie à Paris, Londres et San Francisco. Une marche en dessous de lui, Belle, son fils Austin dans les bras ; les yeux gonflés, elle se penche vers Lafaele, son beau et vigoureux serviteur samoan, assis près d'elle dans une pose de protecteur, le genou pressé contre le sien, regardant la caméra, l'air téméraire. Loin de Belle, à l'extrémité opposée de la photographie, à plusieurs mètres de la famille, se trouve son mari, l'infidèle et ivrogne Joe Strong. Il s'appuie lourdement à un montant, sur son épaule gauche est posé un perroquet blanc, Cocky, dont les connaissances linguistiques se résumaient aux mots "Maman, maman", et son regard sombre va à sa femme et à son enfant, assis aussi loin que possible de lui.

Non, ils ne furent certainement pas heureux à Vailima. Tous étaient prisonniers de leur petite île perdue au milieu des masses d'eau infinies de l'océan Pacifique, à des dizaines de milliers de kilomètres des cafés, boulevards et salons de leur pays, des galeries, rédactions de journal, éditeurs et théâtres où ils auraient pu donner libre cours à leurs ambitions artistiques respectives – car tous, excepté Margaret Stevenson, en avaient une : Fanny voulait peindre et écrire, Belle voulait dessiner et danser, et même le petit Austin, à dix ans, cherchait déjà un éditeur pour une histoire de sa plume. Malheureusement, les couleurs à l'huile de Fanny se liquéfiaient dans la chaleur tropicale ; Belle pouvait longtemps chercher dans la jungle le public capable d'apprécier son art du dessin et de la danse ; Lloyd sentait bien qu'il ne se dégagerait jamais de l'ombre de Louis ; le petit Austin arriva douloureusement à la conclusion qu'il devait encore s'exercer un peu ; quant à Joe Strong, il lui manquait simplement le temps, à côté de la boisson et des femmes, pour s'adonner aux beaux-arts. L'homme couronné par le succès ne pouvait donc qu'attirer les envies inexprimées – envies qui devenaient d'autant plus amères au fur et à mesure que sa célébrité croissait. À cela s'ajoutait que tout Vailima vivait principalement des revenus de Louis ; une humiliation supplémentaire que Fanny, en particulier, supportait difficilement. "J'aimerais bien pouvoir écrire un petit récit de manière à être capable de gagner un peu d'argent pour moi. (…) Je me demande ce que deviendrait un homme et à quoi il serait réduit s'il devait mener la vie d'une femme : toujours s'inquiéter que quelqu'un vous paie le dentiste, se voir offrir ses vêtements, et être toujours contraint à la plus profonde gratitude en vue d'obtenir quelque autre obole. Je voudrais bien travailler dur pour gagner deux livres par mois, et je pourrais facilement en gagner davantage, mais, en tant qu'épouse de Louis, je ne peux pas."

À l'inverse, Louis avait également des exigences envers sa famille. Il attendait de sa femme une sollicitude quotidienne, de sa mère une admiration inconditionnelle, de sa belle-fille la disponibilité pour la dictée quotidienne, lorsque des crampes tourmentaient la main avec laquelle il écrivait. Même le petit Austin lui était indispensable, à lui qui ne déplorait rien tant dans sa vie que le fait de n'avoir pas d'enfants ; et peut-être même ce débauché et soiffard de Joe Strong le servait-il en étant l'ombre de ce vertueux chef de clan auquel Louis jouait à être. Tous les membres de la famille étaient unis les uns aux autres pour le meilleur et pour le pire dans la solitude de l'île ; et comme aucun d'eux ne pouvait fuir les autres, la moindre petite querelle domestique qui, sur le continent, aurait été close par un haussement d'épaules et une sortie au café, tournait à l'affrontement homérique.

Louis était le centre malheureux de cette toile d'araignée. Tous les fils venaient de lui, tous menaient à lui. Il était l'objet de tous les désirs, destinataire de chaque révolte, réceptacle de tous les vœux, cible des espérances déçues. En particulier, il payait cher son exigence égoïste de vivre sous un toit avec trois femmes. Margaret, sa mère, était une lady possédant au plus haut point la réserve victorienne qui lui permettait d'esquiver avec distinction toutes les querelles ; mais Fanny et Belle, elles, étaient mère et fille, tout d'abord, ensuite elles avaient le même tempérament belliqueux, enfin elles étaient en rivalité constante pour qui serait la plus proche confidente du patriarche. Constamment elles se heurtaient, sans cesse des hurlements de femmes déchiraient le silence de la nature, les larmes coulaient, les objets volaient contre les murs. Et à chaque fois, c'était à Louis qu'il appartenait de rétablir la paix domestique.

Des décennies durant, les biographes de Stevenson ont passé ces drames sous silence ou n'ont fait que les effleurer – quelques-uns d'entre eux par discrétion, mais la plupart d'entre eux parce qu'ils ne pouvaient pas savoir quelle violence régnait en vérité et dans les faits à Vailima, car, malgré cette discorde, la famille recouvrit ces scènes peu reluisantes d'un digne manteau de silence ; et si Louis épancha parfois son cœur dans quelques lettres à Sidney Colvin, cet ami fidèle les censura soigneusement avant de les rendre publiques*.

Il faut que je t'explique une chose, lit-on par exemple dans un passage censuré d'une lettre du 5 avril 1893. *Il y a quelques grains de sable dans les rouages. Ce n'est pas grand-chose, mais tout de même gênant. À ma honte, je dois avouer que je n'ai plus la force de garder contenance quand le sable se remet à crisser. Sache qu'il s'agit surtout de cette personne en particulier. Je passe souvent des moments difficiles et je la supporte plus difficilement que je n'aurais cru ; toutes ces querelles futiles sont assez pesantes. Et puis il y a l'autre*

* Avant de livrer les lettres originales à l'imprimeur, Colvin colla sur tous les passages livrant un aperçu de la vie intime de la famille une bande de papier noir et une seconde de papier blanc. En 1913, il vendit les lettres ainsi censurées à la Widener Collection de Harvard dont la direction, craignant pour l'encre qui se trouvait en dessous, interdit pendant des décennies qu'on enlève ces bandes de papier. Elle ne donna son autorisation qu'en 1962, après quoi les bandes furent ôtées sans difficulté, révélant les passages cités. (Voir Bradford A. Booth : "The Vailima Letters of Robert Louis Stevenson", *Harvard Library Bulletin*, xv / 2, avril 1967, p. 117-128.)

personne. Une créature vaine et aussi bonne que peut l'être une boîte vide. Et je me trouve, moi, entre les deux, et j'en deviens fou. L'une commence à se disputer avec l'autre, sur quoi cette autre s'apprête à sangloter tout le reste de la journée. Ensuite, la première – après avoir observé un délai d'une demi-heure – vient me trouver et, magnanime, me raconte d'un air chagriné combien l'autre va mal (ce qui est ni plus ni moins son œuvre à elle). Ma tête et mon cœur sont constamment tiraillés entre elles deux. (…) Et puis il y a certaines paroles qui reviennent régulièrement et me rendent fou. Quelque chose déraille ? Sans doute ; c'est ce que je me dis ; pas grand-chose, et (s'il te plaît, mon Dieu !) nous arriverons bien à nous sortir de ce pétrin.

Il semble que c'était avant tout Fanny qui pouvait se laisser aller à de tels accès de violence que Louis faisait appeler le Dr Funk en pleine nuit d'Apia à Vailima.

Plus tard. 1 h 30. Le médecin était ici. "Sa vie n'est pas en danger", a-t-il dit à deux reprises. – Son esprit est-il en danger ? ai-je demandé. – Ce n'est pas exclu, a-t-il répondu. Depuis, j'ai une nouvelle fois vécu une scène dont je préfère t'épargner la description ; elle s'est calmée à nouveau et semble ne plus être la proie d'hallucinations. C'est épouvantable.

Même si je t'ai écrit durant tous ces mois avec force détails, je n'ai pas été honnête avec toi et j'ai gardé pour moi les épreuves intimes que je traversais. J'ai cru d'abord que tout cela n'était dirigé que contre moi ; chaque conversation tournait à la discussion puis à la querelle ; au point que j'en suis arrivé à l'éviter et à passer mes journées dans ma chambre dans la mesure du possible. (...) Récemment, nous avons eu une scène infernale qui a duré la nuit entière. Je ne la rapporterai à personne, on ne me croirait pas, cela ne lui ressemblait pas, et ressemblait encore moins à nous – Belle et moi avons dû la tenir pendant deux heures : elle voulait s'échapper. Puis nous l'avons conduite jusqu'à Sydney, où nous avons passé quelques premières semaines merveilleuses. Sa voix s'était apaisée.

Non, ce n'étaient certainement pas les délices d'une paix durable de leurs âmes qui tenaient les Stevenson captifs de leur paradis insulaire – au contraire. Au fond, tous ne désiraient qu'en partir. Fanny languissait de la Californie. Belle aspirait à retrouver les boulevards d'Auckland et de Sydney. La mère de Louis, Margaret, voulait retourner en Écosse. Quant au petit Austin, il allait à l'école alternativement à San Francisco et Auckland. Durant toutes les années passées aux Samoa, il n'arriva presque jamais à la famille entière d'être rassemblée paisiblement à Vailima. Et quand c'était le cas, un de ces drames domestiques interminables couvait, ces drames qui le plus souvent ne prenaient fin qu'à l'arrivée d'un visiteur, quand toute la famille se voyait bien obligée de se rappeler sa bonne éducation. L'un des visiteurs les plus assidus était William Clarke, l'ami de Louis, ce missionnaire de la London Missionary Society qui avait observé les Stevenson au moment de leur arrivée et les avait pris pour des artistes de vaudeville ambulants. "L'excellent Clarke a passé presque toute la journée d'hier ici, écrit Louis le 15 juin 1892. J'ai pour lui beaucoup d'estime et le respecte jusqu'au bout de ses souliers ; je le préfère à tout le monde aux Samoa, et même à la terre entière." Cela permet d'y voir en profondeur : de tous ceux qui vivaient aux Samoa, ce n'était ni sa femme ni sa belle-fille ou son beau-fils qu'il préférait, mais William Clarke – l'homme avec lequel il avait, dans les premiers jours, entrepris la mystérieuse excursion en bateau.

En février 1893, après une dispute familiale particulièrement âpre qui tourna aux violences physiques et aux crises de délire et d'hallucinations, Fanny, Belle et Louis s'enfuirent de la prison qu'ils s'étaient eux-mêmes choisie et montèrent à bord du *Mariposa* qui voguait vers l'Australie. Dès le deuxième jour de ces vacances, tous allaient nettement mieux. Louis, encore affaibli par une poussée de fièvre et deux petites hémorragies, notait avec soulagement que Fanny avait englouti un poulet entier au petit-déjeuner, "sans parler d'une vraie montagne de pancakes brûlants". Et quand, après deux semaines d'une traversée de plus de quatre mille kilomètres, Fanny, Louis et Belle débarquèrent au port de Sydney, c'était un retour à la civilisation et le commencement d'une véritable fête de la résurrection qui dura trois semaines. Ils descendirent dans King Street, à l'Oxford Hotel, où Louis fut bientôt repéré par des journalistes auxquels il accorda complaisamment des heures d'interview. Il fit une visite à l'université, inspecta la Bourse royale et s'inscrivit dans le livre d'or. Il prononça un discours devant l'assemblée générale de l'Église presbytérienne et une allocution devant l'Union des artistes. Il passa des après-midis entiers à faire les boutiques avec Fanny et Belle, engloutit des huîtres, but du champagne frappé, remarqua avec amusement qu'on le reconnaissait dans la rue. Il se fit tirer le portrait dans l'atelier photographique

Kerry's, avant de faire réaliser chez un sculpteur un petit buste de lui dont il fut passablement satisfait. "Mais je n'ai pas à critiquer un cadeau qu'on me fait et cet homme a eu très peu de temps pour le faire. Dans ma famille, on dit qu'il y a une forte ressemblance avec Marc Twain."

Tout compte fait, on s'est follement amusés, écrivit-il à son ami Colvin sur la route du retour, peu avant que le *Mariposa* n'entre dans le port d'Apia, *même Fanny en a profité au début ; Belle et moi du début à la fin. Nous avons acheté à Fanny, derrière son dos, (...) une robe fastueuse en velours noir avec de la dentelle Duchesse. Hélas, elle n'a pu la porter qu'une fois. Espérons qu'il nous sera donné de la voir plus souvent aux Samoa ; elle est vraiment magnifique. Les deux dames sont désormais pourvues comme des reines, avec des bas de soie et ainsi de suite. C'est comme si nous revenions d'une expédition militaire, avec notre butin et nos blessés à la traîne. (...) Moi-même, je suis désormais un vrai dandy – cela fait deux ans que j'annonçais devoir renouveler complètement ma garde-robe. Être débraillé dans sa jeunesse, oui, mais pas à l'âge mûr. Me voici désormais tout pimpant : chemise blanche, cravate blanche, rasé de près, chaussettes de soie – ah, quel spectacle !*

Chaque ligne, chaque mot exprime ici la satisfaction qu'éprouvait la famille entière de s'être enfin évadée de la prison des Samoa, d'avoir savouré de nouveau le confort d'une grande ville britannique, d'avoir de nouveau rencontré des gens parlant la même langue et, surtout, de ne pas s'importuner mutuellement. Mais cet agrément toucha à sa fin au bout de trois semaines, et les Stevenson rentrèrent à Apia à bord du *Mariposa*. On aimerait vraiment bien savoir pourquoi. Ce n'était certainement pas par pur plaisir. Car à peine furent-ils revenus à Vailima que reprit le tout-venant de maladie et de disputes, de guérisons et de rabibochages, d'espoirs éperdus et sans cesse déçus.

> JEUDI 5 AVRIL*. Eh bien, on ne peut plus le nier ; Fanny ne va pas bien et nous sommes très inquiets. (…) Tu sais, ce n'est pas qu'il y ait quelque chose qui ne va pas chez Fanny. Ça ne va tout simplement pas comme il faut. Elle n'y peut rien. Au début, elle me portait sur les nerfs, mais maintenant que je la comprends, je ne suis que souci et compassion.
>
> VENDREDI 7 AVRIL. Je suis heureux de pouvoir dire que le nouveau médicament a apporté à Fanny un soulagement immédiat. C'est comme si un voile de tristesse qui nous oppressait avait disparu. Et la matinée d'aujourd'hui, ah, un matin comme celui-ci, comme tu n'en as jamais vu, si frais, si doux, avec des couleurs inimaginables – le paradis sur terre, et un silence immense, que seuls rompent le murmure lointain du Pacifique et le chant d'un oiseau isolé. (…) Tu ne peux pas imaginer quel soulagement c'est. On dirait que le monde est neuf. Fanny a une telle énergie pour se rétablir que je suis plein d'espoir. Quant à moi, je suis aussi fatigué qu'on

* Le 5 avril 1893 n'était pas un jeudi, mais un mercredi. Dans l'isolement des Samoa, Robert Louis Stevenson perdait souvent le sens des dates et jours de la semaine.

peut l'être. Tout cela est une lourde épreuve pour une famille, et Dieu soit loué nous semblons bien la supporter. (…) Nous sommes tous passablement abattus, sauf Lloyd. Fanny : voir plus haut ; moi-même presque éteint ; Belle horriblement surmenée et tourmentée par le mal de dents ; le cuisinier à bout, avec un pied qui lui fait mal ; le maître d'hôtel souffre d'une jambe malade. Eh bien, quelle famille !

11

UNE FACÉTIE DIVINE

À L'ÉPOQUE où les Stevenson vivaient aux Samoa, de mystérieux événements se produisirent sur Cocos Eylandt, cette tranquille île volcanique située juste au-delà de l'horizon. Soudain, l'angoisse et l'effroi se répandirent dans la vie quotidienne de Tafahi, dont les habitants avaient vécu calmement et pacifiquement pendant quatre siècles dans l'unique village de l'île, oubliés des dieux et des hommes. Le village était au nord de l'île, juste après le rivage, et la trentaine de maisons qu'il comptait étaient, comme c'est l'usage dans les mers du Sud, dépourvues de murs ; car d'une part personne ne possédait quoi que ce fût qu'il eût dû protéger des voleurs, et d'autre part les habitants appréciaient la moindre brise fraîche venant remuer la chaleur humide contenue sous les toits en palmes de dattier. Par conséquent, on voyait d'un bout à l'autre du village ce qui se passait en dessous des toits, et chacun pouvait s'associer à la vie familiale du voisin ; et puisqu'on le pouvait, on ne s'en privait pas. Impossible, dans une communauté si petite, d'avoir un secret. Et si quelque chose arrivait du dehors, c'est-à-dire de la mer – un orage, un vol d'oiseaux, un navire –, tous les villageois l'apercevaient de loin.

Ce dut être dans les dernières années du XIXe siècle : quelque chose d'effrayant, de jamais vu, d'inouï s'approcha de l'île. Cela ressemblait à un navire et, en s'approchant, crachait la foudre et le tonnerre, et curieusement cela n'accosta pas au nord de l'île, où se trouvait le seul débarcadère sûr, mais à l'autre extrémité, sur une plage écartée dans le Sud inhabité. Un être produisant la foudre et le tonnerre, les habitants de Tafahi n'avaient jamais rien vu de tel. Grande fut l'agitation au village ; les femmes se mirent à crier, les enfants à pleurer, les hommes arboraient des mines sombres. Nombreux furent ceux qui coururent se cacher dans la jungle. Mais le chef, Maatu, gardant son sang-froid, se concerta avec Toumaama, son prêtre-guérisseur. Pour ce dernier, il n'y avait aucun doute : le phénomène n'étant avec évidence d'origine ni humaine ni naturelle, il ne pouvait s'agir que d'une apparition divine. Et comme la divinité s'approchait par le nord, elle devait être Fatuulu, le dieu-poisson ; car, de tous les dieux tongiens, il était le seul qui habitât si loin au nord – sur un petit rocher à mi-chemin de Tafahi et des Samoa.

Il semble que le prêtre-guérisseur ait pris courageusement la route seul pour le sud de l'île pour accomplir sa tâche d'intermédiaire entre les dieux et les hommes. Arrivé là, il constata que le dieu-poisson avait accosté et avait pris forme humaine. Le guérisseur rentra prestement au village et informa les habitants : le dieu-poisson ne tolérerait aucun mortel auprès de lui, excepté le guérisseur, nul ne devait l'approcher, nul n'était autorisé à le voir – et quiconque oserait pénétrer sur ce petit morceau de plage de sable au sud, où le dieu-poisson avait à faire, tomberait mort sur-le-champ.

Bien sûr, on saurait volontiers à quelle sorte de cachotteries le dieu-poisson se livrait dans la solitude – par exemple, s'il avait apporté pelle et pioche et si, guidé par un bout de papier, il avait disparu dans la jungle juste après le rivage. Mais comme le prêtre respecta son devoir de réserve, le secret demeura bien gardé. Aucun villageois, pas même le chef Maatu, n'apprit jamais ce qui se passait à l'autre bout de l'île. Et quand, après quelques jours ou semaines, Fatuulu disparut comme il était venu – de nouveau avec force foudre et tonnerre, vers le nord, en direction des Samoa –, les habitants eurent l'occasion de se livrer quelque temps encore à des discussions et conjectures passionnées. Peut-être quelques audacieux risquèrent-ils une excursion au sud, où ils ne découvrirent rien qui vaille la peine d'être mentionné, ni sur la plage de corail, vierge, ni derrière les cocotiers au bord de la jungle qui poussait sur le versant escarpé. Avec un haussement d'épaules, ils décidèrent de ne pas se casser la tête plus longtemps.

Mais à peine l'affaire commençait-elle à être un peu oubliée que le dieu-poisson revint, de nouveau avec foudre et tonnerre et accompagné de hurlements surhumains. Cette fois aussi, il resta quelques jours et redisparut – avant de resurgir après quelque temps. Fatuulu venait et repartait toutes les quelques semaines, selon son bon plaisir. À chaque fois que le dieu-poisson approchait, le prêtre-guérisseur entrait en transe et se mettait à trembler de tout son corps comme feuille au vent, après quoi il refusait toute nourriture, son visage devenait radieux et son regard fixe. Les hommes, depuis leurs cachettes, pouvaient entendre Fatuulu leur vociférer des ordres – par la bouche du prêtre, et si fort que sa voix s'entendait jusque sur l'île voisine de Niuatoputapu, à neuf kilomètres de là. Il lui arrivait d'ordonner aux hommes de lui sacrifier un porc.

Avec de si terrestres facéties, Fatuulu sortait un peu du lot. En effet, toutes les autres divinités tongiennes avaient coutume, elles, de se consacrer à des activités divines conventionnelles : elles déployaient le firmament au-dessus de la terre, dirigeaient le cours des constellations, des oiseaux et des bancs de poissons, faisaient la pluie et le beau temps, se souciaient des courants dans l'océan ainsi que de la fertilité des femmes et des jardins. De tous les dieux tongiens, seul Fatuulu arpentait les plages de sable sous forme humaine, avait de temps à autre une fringale de viande de porc et s'amusait à effrayer les mortels en lançant éclairs et tonnerre. Pourquoi il avait choisi précisément ce bout de plage, c'était là une grande énigme. Il n'y avait là ni lieu de culte ni quoi que ce soit qui fût digne d'être mentionné ; sinon une étroite bande de sable blanc entre l'eau et la pente couverte de jungle et un gros rocher noir sur la plage, nommé dorénavant "rocher de Fatuulu". Le sol entourant ce rocher était sacré. Qui le foulait tomberait mort. Même le chef Maatu n'osait s'avancer jusque-là.

À vrai dire, le danger que quiconque tombe mort était mince, car les habitants vivaient depuis la nuit des temps à proximité immédiate de leur village, où ils avaient leurs champs et leurs fonds de pêche. Ils n'avaient aucune occasion de gagner cette plage au sud de l'île ; le sol n'y était pas fertile, et la pêche n'y donnait pas grand-chose. Si le dieu-poisson leur interdisait une chose qu'ils ne faisaient de toutes les façons pas, leur quotidien n'en était guère changé. Aussi s'habituèrent-ils peu à peu aux visites du dieu-poisson. Ils n'étaient plus saisis d'effroi lorsqu'il passait, accompagné de la foudre, du tonnerre et de hurlements, mais se contentaient d'interrompre brièvement leur jardinage, de poser le menton sur leur bêche et de lui faire signe comme à une vieille connaissance.

Mais un jour – impossible aujourd'hui de savoir quand –, quelqu'un s'aperçut que Fatuulu n'était plus revenu depuis longtemps. Surpris, les habitants regardaient la mer : quelques jours, plusieurs semaines, six mois. Et puis ils finirent par hausser les épaules et décidèrent que le dieu-poisson avait dû être retenu, ou bien qu'il visitait maintenant une autre île ; et comme les naissances, les noces et les décès occupaient la vie du village, Fatuulu tomba dans l'oubli.

12

FOUDRE ET TONNERRE

Si les habitants de Tafahi étaient effrayés à ce point par quelques éclairs, coups de tonnerre et vociférations, il faut les comprendre, car leur île était à l'époque encore très à l'écart du tumulte du monde. Aux Samoa voisines, l'agitation aurait été bien moindre ; n'importe quel enfant là-bas savait que les éclairs et le tonnerre n'avaient pas forcément une origine météorologique ni divine, mais pouvaient aussi être provoqués par un feu d'artifice ; par le passé, les missionnaires de la London Missionary Society avaient coutume de tirer des fusées lorsqu'ils arrivaient près des Samoa afin de semer la terreur parmi les habitants. William Clarke, l'ami de Stevenson, alla plus loin encore lorsque, en 1891, il envoya lettre sur lettre au siège londonien pour réclamer le financement d'une lanterne magique aussi puissante que possible afin de projeter sur la jungle des images sur plaque de verre. Lorsque le trésorier finit après maintes tergiversations par accorder vingt-cinq livres pour en faire l'acquisition, Clarke passa commande à Glasgow d'un projecteur ainsi que de portraits sur verre de la reine Victoria et de quantité de princes, célébrités et présidents. On ne peut guère se figurer quel spectacle terrifiant pouvait être leur projection, en taille gigantesque, la nuit dans la jungle des mers du Sud.

Les Samoans s'étaient également accoutumés aux vociférations humaines depuis que Harry J. Moors, l'ami de Louis, avait importé les premiers appareils à haut-parleur et à musique d'Edison. Thomas Alva Edison avait inventé en 1870 le transducteur acoustique – un haut-parleur fonctionnant sans courant – et en 1877 le phonographe ; ce dernier appareil avait été commercialisé à partir de 1887, trois ans, donc, avant l'arrivée des Stevenson aux Samoa.

À propos d'éclairs et de tonnerre, Fanny narre dans son journal une anecdote intéressante : quelques jours avant l'acquisition de Vailima, elle avait fait avec Louis et Lloyd un voyage en Nouvelle-Zélande et en Australie et, au retour, ils avaient acheté à Auckland quantité de feux d'artifice. "Lloyd était un peu sceptique à propos du feu de chaux et interrogea l'apothicaire en détail, surtout pour ce qui concernait son caractère inflammable, expliquant qu'il allait être transporté à bord d'un navire. L'homme déclara que c'était parfaitement sûr, « aussi sûr, a-t-il dit, qu'un paquet de sucre », ajoutant que le feu d'une allumette ne suffirait pas à l'enflammer. « Vous le voulez avec de la fumée ou sans ? », a-t-il demandé. Lloyd se dit qu'il ferait mieux de prendre tout ce qu'il pouvait avoir pour l'argent dépensé, et prit celui avec la fumée. Nous avons quitté Auckland hier soir vers huit heures, les lumières de la ville nous ont suivis pendant longtemps. J'étais assise au salon et je mangeais des tartines. Tout d'un coup, venant de la cabine de Lloyd, j'ai entendu une détonation, suivie presque immédiatement par des flammes fabuleuses et la plus horrible puanteur chimique. Le feu de chaux aussi sûr qu'un paquet de sucre avait explosé et mis le feu au reste des feux d'artifice. Lloyd et moi, nous étions les seuls à savoir qu'il y avait aussi des cartouches, mais nous avons discrètement tenu nos langues, même si nous nous attendions à entendre d'un instant à l'autre les balles siffler à nos oreilles. Je me précipitai dans nos cabines et attrapai une lourde couverture rouge. Louis, qui ignorait totalement que les feux d'artifice avaient été transportés à bord, était foudroyé par les vives couleurs changeantes des flammes qui jaillissaient et est resté un moment à regarder cette scène extraordinaire et à inhaler ses vapeurs toxiques. « On se croirait à Noël ! », finit-il par s'exclamer."

Une chose apparaît si l'on combine tous ces éléments : rien ne vient démentir l'hypothèse selon laquelle le dieu-poisson Fatuulu n'était autre que Robert Louis Stevenson. Bien au contraire, il est tout à fait concevable que, dès les premiers jours aux Samoa, il ait fait une découverte surprenante : Tafahi avait été appelée autrefois Cocos Eylandt. Peut-être William Clarke lui avait-il montré lors de cette première sortie en bateau de décembre 1889 une vieille carte maritime où était encore inscrite cette ancienne dénomination ; ou bien Louis était-il tombé lui-même dessus lors de ses recherches, en conversant avec le consul allemand, britannique ou américain. Alors il avait dû se dire que des générations de chercheurs de trésor s'étaient trompées d'île en cherchant le trésor ecclésiastique de Lima. Et si ses réflexions le conduisirent jusque-là, il va de soi qu'il voulut en avoir le cœur net et différa quelque peu son retour en Écosse.

À la différence de la première île Cocos, la seconde présentait l'inconvénient d'être habitée ; les princes et rois du royaume des Tonga étaient connus depuis toujours pour être des chefs belliqueux veillant jalousement sur leur royaume. Il était totalement impossible pour les Stevenson de s'établir à Tafahi et de se mettre en quête du trésor directement et en plein jour. Aux Samoa en revanche, qui n'étaient qu'à une journée de voyage, la famille pouvait tout à fait se fondre discrètement dans la société excentrique de trois cents Européens qui y avaient jeté l'ancre pour des raisons plus ou moins plausibles ; pas en plein centre d'Apia, qui grouillait de clampins fureteurs, mais pas trop loin non plus de la ville, pour garantir le ravitaillement. Vailima était la situation idéale.

Disposant désormais d'un discret camp de base, Louis devait faire en sorte de ne pas éveiller les soupçons de ses amis ni de sa famille en Écosse. Il devait leur expliquer de manière crédible pourquoi il s'établissait aux Samoa pour le restant de ses jours – précisément à cause du climat agréable, à cause de sa santé soudainement meilleure, des sortilèges du paysage tropical, des joies de l'agriculture en autarcie.

Si Louis envisageait de voyager souvent en bateau, le port d'Apia pouvait lui être bien sûr d'une grande utilité. Cela étant, il faut dire que les ports sont, par principe, le mauvais endroit pour les cachottiers. Le moindre bateau qui y entre ou en sort est suivi par des centaines de paires d'yeux et doit déclarer son arrivée et son départ, payer des taxes et répondre à mille questions : d'où vient-on, où va-t-on, que transporte-t-on, avec qui et pourquoi. Louis aurait certainement pu quitter le port sans se faire remarquer à bord d'une embarcation ou une autre – mais jamais il n'aurait pu entreprendre de sortir régulièrement sur son propre bateau pour gagner une destination inconnue sans qu'on le remarque – à moins qu'il n'ait pas pris la mer depuis le port, mais depuis la plage d'une discrète petite baie, sur l'une de ces élégantes pirogues samoanes qui gagnent le large sans difficultés par-dessus les récifs et qui, de plus, parcourent les deux cent soixante-sept kilomètres jusqu'à Tafahi deux fois plus vite que tous les bateaux européens.

Qui entreprend une traversée vers le sud prendra la mer de préférence le long de la côte sud, évitant ainsi les regards inquisiteurs et un long et périlleux contournement de l'île et de ses récifs. Un grand avantage, dans ce contexte, était que l'unique voie permettant de traverser l'île vers le sud se trouvait à deux cents mètres à peine à l'est de la propriété de Stevenson. Si Louis pressait son brave bidet Jack, il pouvait rejoindre aisément en trois heures la côte sud, à quinze kilomètres de là. La Cross Island Road est restée jusqu'à nos jours la principale voie de communication nord-sud sur l'île principale des Samoa. Cinq ans après la mort de Stevenson, l'administration coloniale allemande aménagea le sentier pour en faire une route.

Louis ne se sera sans doute pas mis en chemin seul. Peut-être se faisait-il accompagner de son beau-fils Lloyd, ou de William Clarke ou Harry Moors, et un équipage samoan de cinq à huit hommes était sûrement à bord. Il est également concevable que quelques expéditions se soient faites sans Louis quand il était cloué au lit par l'une de ses nombreuses maladies. C'était peut-être alors Lloyd qui officiait comme la main droite de Louis et allumait le feu de chaux à l'approche de Tafahi et orientait les engins d'Edison. En effet, Lloyd voyageait étonnamment souvent, et cela sans témoins. Tantôt il prétendait partir faire du patinage en Nouvelle-Zélande, tantôt du surf à Hawaii ou flâner à San Francisco. Il lui arrivait de ne pas dire où il allait. Il est frappant de constater qu'il n'existe, de ces expéditions, ni témoignage de tiers ni photographies.

Par ailleurs, en plus de Lloyd Osbourne, Harry Moors et William Clarke, un quatrième homme est un possible chercheur de trésor : le cousin écossais de Louis, Graham Balfour, arrivé à Vailima en 1892. Âgé de trente-quatre ans, cet ancien étudiant en droit était un grand gaillard jovial à moustache blonde, encore garçon qui plus est, ce qui fit que Belle, divorcée de fraîche date, s'enticha de lui aussitôt. Mais Graham ne s'intéressait pas à elle d'une manière sensuelle et prit ses quartiers dans le pavillon des célibataires, chez Lloyd. En fait, il comptait ne rester qu'un mois, mais Vailima devint pour plusieurs années le camp de base d'où il voyagea sans relâche à travers les mers du Sud sur des chemins pour la plupart inconnus.

Il n'est pas facile de débarquer sur la côte sud de Tafahi. Passer les récifs pour entrer dans la lagune requérait des marins samoans beaucoup d'adresse. Qui sait si leur point de repère n'était pas ce singulier rocher noir que les indigènes devaient bientôt baptiser "rocher de Fatuulu". Une fois la plage atteinte, les hommes creusaient sans doute le sable, examinant pendant des jours ou des semaines les pentes escarpées du volcan et les eaux proches de la rive, et le soir ils commandaient par transducteur acoustique un cochon grillé aux indigènes. Quand les vivres venaient à manquer, ils rentraient aux Samoa où Louis reprenait son activité civile d'écrivain. Ces années-là, il n'écrivit plus un mot sur les pirates et les îles au trésor. Et quand il écrivait des histoires des mers du Sud, il insistait toujours sur le fait qu'elles lui étaient venues subitement. Il est tout de même intéressant que, dans le récit *Ceux de Falesa*, écrit en 1892, pendant la troisième année aux Samoa, on voie surgir un aventurier blanc, un bon à rien nommé Case menant ses frasques dans une baie solitaire et éloignant les indigènes superstitieux en suspendant dans les arbres des cageots où il avait tendu des cordes de mandoline. Le vent qui passait sur les cordes faisait résonner des chants d'esprits, qui semaient une terreur sans nom parmi les insulaires.

Qui sait si Louis ne s'est pas escrimé lui aussi en vain sur la seconde île Cocos, comme August Gissler sur la première et avant et après lui des milliers de chercheurs de trésor. Mais au cas où il y aurait vraiment trouvé de l'or, de l'argent et des pierres précieuses, il en plaça sans doute la plus grande quantité possible dans les bateaux – les pirogues samoanes à la forme effilée peuvent transporter des charges utiles surprenantes, de plusieurs quintaux – pour conduire son butin par mer jusqu'à Vailima. Après quoi il aura laissé passer quelques semaines avant de revenir, accompagné de la foudre et du tonnerre, chercher un nouveau chargement. Le coffre gigantesque qui se dresse aujourd'hui encore dans le grand hall d'entrée de Vailima aurait pu abriter une ou deux cargaisons d'or et de pierres précieuses ; mais le but de Louis ne pouvait être simplement de transporter le trésor ecclésiastique depuis Tafahi jusqu'aux Samoa, donc d'une île à une autre. Car il ne suffit pas au chercheur de trésor de tenir dans ses mains les doublons d'Espagne pour être un homme vraiment riche. Pour jouir des fruits de sa fortune, il doit d'abord transformer cet or en argent : changer les doublons en dollars, et la malle au trésor en un compte en banque. Cela n'était pas possible aux Samoa. Apia comptait certes quelques commerçants réalisant aussi des affaires bancaires – parmi eux, bien entendu, Harry Moors –, mais pour introduire de fortes quantités de l'or des pirates dans le circuit monétaire légal, Robert Louis Stevenson avait besoin de l'aide discrète de grandes banques situées dans l'anonymat des villes où l'on ne poserait pas trop de questions sur l'origine des valeurs qu'on leur présentait. Il pouvait aussi être sage, par sécurité et discrétion, de ne pas porter le trésor entier à la banque en un gigantesque transport unique – éventuellement en prenant pour intermédiaire un receleur ou un orfèvre disposant d'un four suffisamment grand –, mais de répartir plusieurs petites portions dans plusieurs banques. Dans ce cas, il était nécessaire de faire régulièrement de petits voyages à Sydney, Auckland ou Honolulu. Le fait est que, durant les cinq années passées aux Samoa, les membres du clan Stevenson firent remarquablement souvent de ces petits voyages.

1890 : Louis se rend deux fois à Sydney et Auckland – sans indiquer de raison précise. Fanny va aux îles Fidji, à mille kilomètres de là, recruter un cuisinier. Lloyd est envoyé en Angleterre pour se procurer du mobilier.

1891 : Louis se rend à Sydney pour chercher sa mère et Lloyd qui arrivent d'Angleterre. Dès lors,

Lloyd fait de nombreux voyages vers des destinations inconnues.

1892 : Arrivée de Graham Balfour, cousin de Louis. Deux années durant, il fait depuis Vailima de nombreux voyages dans les mers du Sud. Le fils de Belle, Austin Strong, va à l'école à Monterey, en Californie, d'où il rentre aux Samoa dès que commencent les vacances.

Février 1893 : Louis, Fanny et Belle font un voyage de détente à Sydney.

Septembre 1893 : Louis se rend à Hawaii.

Octobre 1893 : Fanny va chercher Louis à Hawaii.

Mai 1894 : Lloyd se rend en Nouvelle-Zélande pour faire du patinage.

Décembre 1894 : peu après la mort de Louis, Lloyd fait un voyage de détente.

Il faut rappeler également qu'au XIXe siècle déjà, les trésors de pirates non déclarés représentaient un patrimoine illégal ; l'heureux découvreur devait donc faire le nécessaire pour masquer l'origine de l'argent en l'affublant d'une légende légale et crédible. Ce qu'on appelle aujourd'hui du blanchiment d'argent. Les politiciens corrompus, les trafiquants de drogue et d'armes ainsi que les auteurs de crimes financiers font les plus grands efforts pour investir de l'argent sale dans des affaires légales mais opaques. Certains achètent des Gauguin ou des Van Gogh dont personne ne saurait dire la valeur réelle, d'autres des joueurs de football, des clubs de football entiers ou des casinos. Dans un second temps, ils déclarent au fisc des profits colossaux qui n'ont en vérité jamais été atteints – avec pour résultat que la fortune auparavant illégale est soudain pourvue d'une légende légale quant à son origine. Le nombre des complices doit être réduit au minimum. Et lorsqu'ils sont trop nombreux, il peut arriver que l'un ou l'autre d'entre eux rende l'âme prématurément.

Du temps de Robert Louis Stevenson, la plupart de ces stratagèmes étaient impraticables. Le commerce de l'art n'en était encore qu'à ses balbutiements ; au moment où Stevenson s'installa aux Samoa, Van Gogh n'avait vendu qu'une seule toile (*La Vigne rouge*, pour quatre cents francs), et Gauguin ne se rendit pas à Tahiti avant 1891 ; quant au football, dans le monde entier on n'y jouait pas encore pour de l'argent. Cependant, à la fin du XIXe siècle, des sommes énormes d'argent non déclaré disparurent dans les transactions immobilières, engendrant des profits impressionnants ; notamment dans l'Ouest des États-Unis. Au XXe siècle, ces profits furent encore multipliés lorsqu'on découvrit du pétrole sur ces terrains.

Tel est donc le chemin qu'emprunta peut-être le trésor ecclésiastique de Lima dans le cas où Robert Louis Stevenson le découvrit vraiment à Tafahi. Et comme par hasard : ainsi qu'on le verra plus loin, d'une part le clan Stevenson, une fois close l'aventure dans les mers du Sud, se lança dans les affaires immobilières en Californie. D'autre part, il paraît qu'un gisement de pétrole fut découvert sous l'un de ces terrains. Enfin, on est frappé du nombre important de membres du clan morts avant l'heure, et avec des causes de décès très semblables – jusqu'à ce qu'il ne reste qu'une seule et unique survivante.

13

L'ÎLE DES PIRATES

SEPTEMBRE 1893 : Louis fait de nouveau l'un de ses voyages surprenants dont il n'indique pas de but plausible. Il s'embarque à Apia à bord du vapeur postal *SS Mariposa* pour parcourir en une semaine les quatre mille cinq cents kilomètres vers le nord jusqu'à Hawaii – "comme ça, simplement, histoire de voyager un peu". Son cousin Graham Balfour et son serviteur samoan Ta'alolo sont de la partie. Il est prévu qu'ils y séjourneront une semaine avant de rentrer. Mais à l'aller, Ta'alolo contracte la rougeole ; les autorités hawaiiennes le laissent débarquer le 20 septembre, mais le placent en quarantaine. Tandis que Louis et Graham descendent à l'hôtel Sans Souci sur la plage de Waikiki, Ta'alolo est logé près de là dans une cabane à l'écart sur la plage. Un garde veille strictement à ce qu'il ne s'échappe pas et ne reçoive aucune visite.

Louis savoura ce retour à la civilisation. Il commanda un cocher tenu d'être à sa disposition exclusive pendant toute la durée de son séjour, et se fit conduire par lui d'une mondanité à l'autre. Il rendit visite à la reine Liliuokalani, récemment détrônée, prononça un discours devant le Scottisch Thistle Club, l'association des Écossais de Hawaii – et quand les journalistes ne venaient pas à son hôtel, c'est lui qui se rendait dans leur rédaction. Mais, la veille du retour, il contracta une pneumonie et fut pris d'une forte fièvre, tout cela accompagné de son “vieux camarade Crachat-de-Sang”. Plus question de songer à reprendre la mer ; il envoya quérir le Dr Trousseau, le plus célèbre médecin de Hawaii, et confia au *Mariposa* une dépêche pour Fanny, lui demandant de venir le chercher à Honolulu.

Georges Philippe Trousseau était un Français sexagénaire ; médecin personnel de la maison royale de Hawaii, il avait été pendant de nombreuses années à Honolulu chargé des épidémies et médecin portuaire, tout en s'occupant à côté de cela d'une ferme d'autruches, d'une plantation de canne à sucre et d'un élevage d'ovins. Une chose lui manquait à Hawaii, c'était une conversation érudite avec des personnes de son rang et de sa culture. Aussi apprécia-t-il fort d'avoir Robert Louis Stevenson pour patient ; il faisait chaque jour sa visite au Sans Souci, plaçait une chaise au chevet du malade poitrinaire et s'allumait un cigare pour parler belles lettres une heure ou deux avec le célèbre écrivain. Un jour, le médecin demanda à son patient s'il ne voudrait pas écrire une histoire polynésienne en vers. Louis répondit qu'une bonne histoire ne supportait pas d'être gourmée par les formes poétiques. Mais comme le Dr Trousseau avait appris le latin et le grec au lycée à Paris, il ne voulut pas accepter ce dédain des hexamètres et pentamètres ; il pria l'écrivain de faire au moins un essai. Et comme il ne lâchait pas le morceau, Louis finit par s'écrier, encore affaibli par la fièvre : “Eh bien soit ! Alors essayons tout de suite !” Et, s'emparant d'un crayon et de papier, il commanda au médecin de se taire tant qu'il n'aurait pas fumé son cigare. Une demi-heure plus tard, il tendit au Dr Trousseau une feuille de papier sur laquelle se trouvait une sorte de récit de voyage.

L'ÎLE DES PIRATES

Le lundi soir nous mîmes les voiles,
En route pour le ciel de pourpre et d'or
De nos chaudes mers du Sud. Six hommes, rien que six,
Quatre fidèles indigènes, deux blancs – voguant
Vers des contrées inconnues. Jamais encore
Mes bruns Samoans n'avaient connu pareille aventure ; jamais
Ils ne s'y seraient risqués, si je n'avais été avec eux
Pour animer leurs cœurs. Après cinq jours de traversée,
Peut-être plus – aucune terre en vue, pas un atoll, je sus
Que nous avions manqué le but, car
D'après ma carte sur notre route se trouvait
La fameuse île dont les rivages, disent les chefs anciens,
Abritent de grands trésors, cachés depuis des années
Par des pirates hardis, venus là sur de grands vaisseaux
De ces contrées où poussent les poivriers,
Loin, là-bas, de l'autre côté de la mer.
Et c'est sur cette petite île, disent mes Samoans,
Que se trouve, tout près du rivage
Une grande montagne creuse, et dedans sont les canoës,

Pleins à ras bord d'or rutilant,
En lingots et en blocs, de la plus noble teneur,
Et des perles, noires et blanches, pour les oreilles du chef.
Telle était donc la légende qui depuis leur plus tendre enfance
Poussait mes Samoans sur les mers,
Leur donnait la force de ramer.
Mais quand je criai : "Les gars, nous sommes perdus !"
Alors le petit Upolu se mit à pleurer affreusement,
Jusqu'à ce que le chef Kimo le rabroue sèchement : "Silence,
Sot que tu es, ne fais pas honte
À toi, ta famille, ni ton peuple ;
Et ne permets pas…"

Le fragment s'interrompt ici. En bas de la page, Louis avait écrit : "*Sir*, ce n'est pas du premier choix, mais ça suffira. La prose, vous le comprendrez, est de loin ce qui convient le mieux aux narrateurs d'intrigues réalistes. Conservez cet échantillon qui montre à quel point les suggestions de nos amis bien intentionnés peuvent échouer dans la pratique. Recevez, *Sir*, les salutations de votre dévoué serviteur, R. L. S."

Le fragment resta parmi les biens personnels de Georges Philippe Trousseau et ne fut jamais repris – on ne sait trop pourquoi – dans aucune des éditions officielles de Robert Louis Stevenson.

14

"EST-CE QUE J'AI UN AIR BIZARRE ?"

LE DERNIER JOUR de la vie de Louis fut le 3 décembre 1894. Comme à son habitude, Louis s'était mis au travail peu avant six heures du matin, alors que tout le monde dormait encore à Vailima – c'est-à-dire qu'il s'était redressé dans son lit, avait placé quelques oreillers derrière le dos et saisi crayon et papier pour ébaucher le chapitre neuf de son roman en cours, *Hermiston, le juge-pendeur*, qui devait rester inachevé. Une heure après, un serviteur lui avait sans doute apporté une orange en guise de petit-déjeuner, et encore deux heures plus tard, Belle était arrivée pour prendre la dictée. L'après-midi, il se baigna dans le petit étang qui était derrière la maison et qui servait de piscine à la famille, et quand le soleil disparut derrière la montagne, il regagna sa chambre à l'étage pour se changer pour la soirée. Lorsqu'il descendit les marches du perron à six heures passées, il trouva Fanny sur la véranda, d'humeur sombre. Depuis des jours, elle avait d'horribles pressentiments : il allait arriver quelque chose de grave à l'un des êtres qui lui étaient chers ; son intuition lui disait qu'il s'agissait de Graham Balfour, qui voyageait de nouveau sur l'océan. Louis tenta de la distraire par un joyeux bavardage, l'obligea à une partie de cartes et proposa pour le dîner une salade "à la Vailima". Il alla chercher une bouteille de bourgogne et commença à préparer la salade, mélangeant diligemment huile et jus de limette pour la sauce. Tout à coup, il porta les mains à sa tête en s'écriant : "Qu'est-ce que c'est ? J'ai mal ! Est-ce que j'ai un air bizarre ?" Fanny, dissimulant sa frayeur, lui répondit que non, mais Louis s'effondra. Fanny et son serviteur Sosimo le portèrent à l'intérieur, près de la cheminée du grand salon jusqu'à son fauteuil préféré, qui avait appartenu à son grand-père Robert Stevenson, l'inventeur du phare à lumière intermittente. Elle appela Belle et la mère de Louis, Margaret, puis ce fut Lloyd qui accourut depuis son pavillon-garçonnière. Affalé dans le fauteuil, les yeux écarquillés, Louis respirait avec difficulté ; Fanny ne cessait de l'appeler par son nom, mais rien ne manifestait qu'il la reconnaissait. Les femmes réclamèrent un lit de camp, dans lequel Lloyd et Sosimo le hissèrent. Au moment où Fanny, Belle et Margaret allaient lui retirer ses bottes de cavalier, Lloyd protesta – après tout, Louis avait toujours dit vouloir mourir dans ses bottes. Mais les femmes entendaient porter les premiers secours plutôt que de suivre à la lettre et par avance les dernières volontés de Louis ; Lloyd fut donc expédié à Apia pour en ramener tous les médecins disponibles. Le Dr Bernhard Funk, de la Compagnie allemande de commerce, diagnostiqua un caillot au cerveau ayant causé une crise d'apoplexie ; le Dr Robert W. Anderson, du navire de guerre britannique *Wallaroo*, constata une hémorragie cérébrale. Fanny essayait en vain de réanimer Louis en lui frottant les bras avec de l'eau-de-vie. À la vue des bras décharnés, Anderson laissa échapper ces mots : “Peut-on écrire des livres avec des bras pareils ?” À quoi Fanny rétorqua : “Tous ses livres, il les a écrits avec des bras pareils.”

Peu après les médecins, ce fut le meilleur ami de Louis qui arriva, le missionnaire William Clarke. Tous, ils se tenaient autour du lit de mort. Fanny et Belle essayaient toujours de stimuler la circulation du mourant avec de l’eau-de-vie. Lloyd le tenait dans ses bras, et Margaret et Clarke, agenouillés au bord du lit, priaient tandis que le souffle de Louis faiblissait. À huit heures dix, il cessa tout à fait.

Fanny savait que la dépouille devrait être ensevelie au plus tard à trois heures de l’après-midi le lendemain, car, sous les Tropiques, les cadavres se décomposent vite. Il allait aussi de soi que la tombe de Louis serait sur le mont Vaea, comme il l’avait souhaité. Aucun sentier ne conduisait au sommet. Aussi Fanny envoya-t-elle ses serviteurs dans les villages voisins pour prier les chefs de frayer un sentier jusqu’au mont Vaea. Deux cents hommes accoururent et se répartirent sur tout le trajet menant de Vailima au sommet, et, dans l’obscurité, se mirent au travail avec machettes, pioches, houes et leviers. Toute la nuit, les habitants de Vailima purent entendre leurs appels étouffés, les craquements que produisaient en s’effondrant les géants de la forêt vierge et les prières en latin que les domestiques samoans avaient apprises des missionnaires. Quand l’un avait terminé sa portion de chemin, il courait jusqu’au sommet abattre des arbres pour la clairière où se trouverait la sépulture, ou descendait jusqu’à la plage chercher du gravier de corail blanc et des laves noires, utilisés pour les tombeaux traditionnels des rois et chefs de haut rang.

Pendant ce temps, les serviteurs oignaient le corps de Louis d'huile de noix de coco, parfumée de la senteur suave des fleurs d'ylang-ylang *(Canangium odoratum)*. Pourtant, à la différence de ce que veut la coutume samoane, il ne fut pas enveloppé dans de fines nattes mais, selon l'usage européen, placé dans un cercueil que Willis, le menuisier d'Apia, confectionna sur place la nuit même. Il pleura en se penchant au-dessus de la dépouille de Louis pour prendre les mesures. Louis fut ensuite revêtu de sa veste de velours, après quoi l'Union Jack fut étendu sur son corps maigre.

Le lendemain, quand le soleil fut au zénith, le sentier était terminé et le cortège funéraire entama l'ascension du versant escarpé. Le chef du rang le plus élevé marchait devant, suivi de son assistant qui, soufflant dans une conque, produisait des sons graves et étirés. Puis venait le cercueil. Sur toute la longueur du sentier abrupt, les hommes s'étaient postés par groupes de quatre, chacun transmettant précautionneusement le cercueil au suivant. Le chemin était fait d'une glaise humide et d'éboulis de lave glissante et bordé de fougères et arbustes dégoulinants d'eau. Margaret et Fanny furent bientôt à bout de forces et durent rebrousser chemin. Les autres, au bout d'une heure de marche, atteignirent le sommet, formé d'un petit plateau au centre duquel se trouvait la fosse ouverte. Le révérend William Clarke dit la messe des morts et prononça une prière écrite par Louis. Enfin, quatre Samoans se placèrent dans la fosse et reçurent le cercueil qu'ils déposèrent sur son lit de lave et de corail avant de l'ensevelir sous un tertre de terre qu'ils recouvrirent à nouveau de laves noires. En dernier, ils plantèrent dans la terre, à la tête de la tombe, une branche à laquelle ils fixèrent une petite croix en métal. Et pour que le repos de Louis ne soit pas troublé, les chefs décidèrent que l'usage des armes à feu serait à jamais interdit autour du mont Vaea.

15

LE LUTIN DE LA BOUTEILLE CONTINUE SA ROUTE

PRIVÉS DE LEUR SEUL SOUTIEN PÉCUNIAIRE, Fanny, Belle, Lloyd et Austin restèrent seuls à Vailima. On ne pouvait attendre d'aucun d'entre eux qu'il gagne jamais de l'argent en quantité notable. Austin, à treize ans, était un écolier médiocre, dépourvu de don particulier. Fanny et Belle, habituées à vivre auprès d'un homme qui subvenait à leurs besoins, avaient toujours dépensé plus d'argent que disponible. Quant à Lloyd Osbourne, il était tout à ses divertissements, voyages de plaisance, tournois de billard et jeunes filles indigènes. Il aurait été fort surpris qu'on exige de lui qu'il s'engage financièrement non seulement pour dépenser de l'argent, mais aussi pour en faire rentrer, et moins encore par un travail salarié.

La seule personne à Vailima qui eût de l'argent était la mère de Louis, Margaret. Elle gérait la fortune familiale des Stevenson. Mais, quelques jours après la mort de Louis, elle décida de rentrer chez elle, en Écosse, pour passer ses vieux jours auprès de sa sœur Jane Whyte Balfour à Édimbourg. Deux ans plus tard, elle devait contracter une pneumonie et, fiévreuse, voir en rêve son fils unique debout au pied de son lit. "C'est Louis ! Je dois y aller !", s'écria-t-elle avant de mourir le lendemain.

Pourtant, il est piquant de constater qu'aucun de ceux qui restèrent à Vailima ne se retrouva jamais dans la désagréable situation de devoir travailler pour gagner de l'argent. Harry Moors non plus n'avait aucune raison de se plaindre ; ses affaires marchaient si bien qu'il devait rester, jusqu'à sa mort trente-deux ans plus tard, le plus gros contribuable particulier des Samoa. Il est également singulier que le meilleur ami de Louis, William Clarke, quitta la mission immédiatement après la mort de Louis et rentra en Grande-Bretagne avec Margaret Stevenson*.

Comme dans le récit de Louis, on aurait dit que le lutin de la bouteille avait décidé de veiller encore sur le bien-être de la famille. Le whisky et le bourgogne continuaient à couler à flots, les tâches communes à être exécutées par des domestiques et les hôtes de Vailima à être reçus comme des princes. Pour se remettre des fatigues des funérailles, Lloyd s'accorda une petite croisière. À peine fut-il de retour que Fanny, Belle et lui s'embarquèrent, en avril 1895, pour une virée en Californie. Au retour, ils firent étape pour trois mois à Hawaii où ils logèrent à l'hôtel Sans Souci sur la plage de Waikiki. Lorsqu'ils

* "La mort de Stevenson fut pour moi un coup terrible, écrivit Clarke le 25 janvier 1895 au siège londonien. Il m'aimait comme un frère, et je l'aimais de tout mon cœur. J'ai perdu aux Samoa mon ami le meilleur et le plus cher. Il est désormais de mon devoir de retourner auprès des seuls êtres qui me soient plus chers encore que lui. Nous reviendrons en Angleterre probablement avec Mrs. Stevenson." Les époux Clarke partirent effectivement avec Margaret Stevenson le 21 février 1895 pour l'Angleterre, où ils arrivèrent le 8 mai. Mais vingt-deux ans plus tard, le 14 avril 1917, Clarke repartit pour les Samoa – seul, cette fois. Il y resta deux ans et fit plusieurs voyages en bateau. Il rentra le 7 août 1920 à Londres, où il mourut le 25 mai 1922.

rentrèrent à Vailima, un an s'était écoulé. Et encore un an plus tard, après avoir reçu la nouvelle du décès de Margaret Stevenson, les Osbourne partirent pour l'Écosse où ils entrèrent en possession de l'héritage des Stevenson, tournant le dos à jamais à leur maison de Vailima. Fanny vendit la propriété comme si de rien n'était pour mille sept cent cinquante livres, à peine un cinquième de la somme dépensée par Louis pour l'achat du terrain et la construction. L'acquéreur était un négociant hambourgeois à la retraite, Gustav Kunst, qui avait fait fortune grâce aux chemins de fer de Sibérie et dans le commerce des fourrures*.

Dans les années qui suivirent, Fanny connut une métamorphose stupéfiante. Elle qui avait toujours souffert de toutes les maladies et douleurs réelles et imaginaires possibles vécut désormais avec une santé tout à fait bonne et dans la joie de vivre. Elle acheta une grosse voiture et, avec Lloyd, sillonna la France, l'Espagne et le Portugal. Elle passa un hiver agréable à Madère, se fit construire une sorte de maison forteresse sur les hauteurs de San Francisco et l'aménagea de l'élégant mobilier des Stevenson qu'elle avait

* Durant les dernières années de sa vie, Gustav Kunst (vers 1836-10 sept. 1905), se réfugiant aux Samoa allemandes pour éviter les hivers européens, y acquit une réputation de philanthrope grâce aux halles et à un hôpital qu'il fit construire à Apia pour la population blanche. À son décès, son neveu vendit la propriété au gouvernement allemand. En 1914, lorsque au début de la Première Guerre mondiale des troupes néo-zélandaises expulsèrent des Samoa les colons allemands, un gouverneur néo-zélandais y aménagea. Après l'indépendance des Samoa en 1962, Vailima devint la résidence du chef d'État samoan. Le bâtiment fut fortement endommagé lors des ouragans de 1990 et 1991. Racheté par des investisseurs américains proches des Mormons, il fut aménagé en musée Robert-Louis-Stevenson.

fait venir des Samoa. Le soir, assise sur la terrasse, elle observait le spectacle des navires passant sous le Golden Gate pour gagner le Pacifique ; il lui arrivait aussi de fréquenter des séances de spiritisme où elle cherchait à établir le contact avec l'esprit de Louis.

Il est surprenant que les Osbourne aient pu s'offrir un train de vie si luxueux ; bien sûr, Louis avait gagné beaucoup d'argent avec ses livres et, avant lui, ses ancêtres du côté paternel avaient accumulé une fortune considérable dans la construction des phares. Mais d'une part, le clan, déjà du temps de Louis, avait vécu sur un grand pied ; d'autre part, l'héritage fut réparti sur un si grand nombre de têtes qu'il n'aurait pas suffi pour des décennies d'oisiveté et de prospérité*.

Fanny avait soixante-quatre ans et Louis était mort depuis dix ans lorsqu'un homme fit son apparition à ses côtés. Elle engagea comme "secrétaire particulier" un jeune journaliste, timide mais cultivé et plein d'humour, chargé de veiller sur tous les aspects pratiques du quotidien ; Edward "Ned" Salisbury Field s'occupait de la comptabilité de Fanny, gérait ses comptes en banque et négociait avec le fisc, réservait les traversées en bateau et chambres

* Selon les dernières volontés de Louis, rédigées par lui en septembre 1893, un quart de la fortune paternelle gérée par sa mère Margaret alla à son cousin Bob (3 136 livres) et à ses sœurs Dora Fowke et Katharine de Mattos (1 568 livres pour chacune). Un quart de la somme restante (c'est-à-dire 4 704 livres) fut investi au profit de Belle ; le reste (14 112 livres) alla à Fanny et devait, à sa mort, revenir à Lloyd. (Ces indications proviennent d'une lettre de Baxter à Balfour du 3 novembre 1897, National Library of Scotland.) "Robert Louis Stevenson to Charles Baxter, c. 17. June 1893, Letter 2589, n. 4" (*Letters*, vol. 8, p. 110).

d'hôtel ainsi que les tables au restaurant. Ned Field était son homme de confiance. S'il avait quarante ans de moins qu'elle, il était comme elle originaire d'Indianapolis ; sa mère et Fanny étaient allées à l'école ensemble. Cette relation de confiance devint vite intime. Le jeune homme ne la quitta plus, ni le jour ni la nuit, et pas non plus les fins de semaine, ce qui fit jaser une opinion publique intéressée ; et quand ce couple inégal alla jusqu'à entreprendre des voyages de plaisance à New York, au Mexique et en Europe, la situation fut si évidente que tous les potins cessèrent.

Dix années durant, Ned Field accompagna fidèlement Fanny dans ses voyages, jusqu'à cette soirée du 17 février 1914 où tous deux étaient installés dans le salon de sa maison surplombant San Francisco. Fanny avait feuilleté des magazines avant de faire une partie de cartes avec Ned. Dehors, la blancheur des arbres fruitiers en fleur éclairait la nuit de Californie. À dix heures trente, elle alla se coucher et, à un moment de la nuit, eut une attaque cérébrale – exactement comme Louis dix-neuf ans, deux mois et deux semaines avant elle.

Après une brève cérémonie, son corps fut incinéré ; Fanny avait souhaité dans ses dernières volontés que ses cendres soient ensevelies au sommet du mont Vaea aux côtés de Robert Louis Stevenson. Belle se déclara prête à faire le voyage des Samoa avec les cendres de sa mère. Mais, avant cela, elle eut ce geste remarquable : non seulement elle entra en possession de l'héritage matériel de sa mère – avec l'obligation de verser à son frère Lloyd une rente mensuelle de trois cents dollars –, mais elle reprit aussi son homme de confiance, qui avait géré la fortune familiale pendant plus de dix ans. Six mois après la mort de Fanny, le 29 août 1914, Isobel Strong Osbourne et Edward "Ned" Salisbury Field convolèrent à Los Gatos, Santa Clara County, en Californie. Elle avait cinquante-six ans, lui trente-cinq – et devenait le beau-père d'Austin Strong, le fils de Belle, qui avait le même âge que lui. On eût dit que le lutin de la bouteille était passé de Fanny à sa fille.

Le second mariage de Belle fut aussi heureux que le premier, avec Joe Strong, avait été malheureux. Belle, pour la première fois de sa vie, gagna beaucoup d'argent en vendant aux enchères quantité de lettres, papiers et manuscrits de Stevenson. Ned était un époux fidèle et aimant, et elle entourait ce jeune homme timide d'une sollicitude maternelle. Sous sa férule, il quitta l'état de journaliste et écrivit des romans et pièces de théâtre humoristiques* ; mais il s'engagea surtout dans la spéculation immobilière où, dit-on, il avait la main particulièrement heureuse.

Hélas, Ned Field quitta ce monde bien trop tôt et dans des circonstances curieuses. Ce fut le 18 septembre 1936, soixante-dix-huitième anniversaire de Belle, dans leur maison de campagne sur les bords du Zaca Lake, un lac calme et retiré du monde, au nord de Santa Barbara. Les époux avaient fêté l'anniversaire par un déjeuner plein de gaieté – seuls, apparemment. Puis Ned était allé s'étendre pour

* Ned Field remporta ses plus grands succès avec les comédies *Twin Beds* (1914) et *Wedding Bells* (1919). Dans la première pièce, selon le *New York Times*, il était surtout question de "pyjamas, capes de coiffure, pantalons, femmes et chamailleries" ; l'autre, selon le *Times*, était "une farce pétillante et divertissante traversée d'une délicate nuance de *nonsense*".

une sieste dont il ne s'était pas réveillé, mourant de manière inattendue à seulement cinquante-six ans. Belle, dans cette situation, garda la tête étonnamment froide. La vieille dame traîna son époux mort jusqu'à la voiture, le hissa sur la banquette arrière et parcourut trente-cinq miles pour regagner Santa Barbara.

Ce ne devait pas être le seul décès que Belle eut à déplorer ; comme pour la plupart des gens qui vivent longtemps, le prix de son bonheur fut qu'elle dut enterrer les êtres qui lui étaient chers. Le 22 mai 1947, elle était assise au chevet de son frère Lloyd qui mourait au Glendale Sanatorium de Los Angeles ; elle avait quatre-vingt-huit ans, lui quatre-vingts. Lloyd avait passé toute sa vie, oisif et argenté, dans les clubs et bars les plus chics de Paris, Londres et New York. Il était resté jusqu'à la fin le dandy égocentrique qu'il était déjà à Vailima. Certes, il avait épousé en 1896 une jeune fille intelligente et jolie nommée Katherine Durham, qui lui avait donné en 1897 son premier fils, Alan, et en 1900 le cadet, Louis. Mais lorsque sa mère Fanny, qui nourrissait une rivalité jalouse envers sa bru, somma Lloyd de choisir entre Katherine et l'héritage, il se décida pour l'héritage. Il fit croisière sur croisière, possédait des comptes en banque dans les pays les plus divers, aimait les belles voitures et se prit dans les années 1930 d'une prédilection pour l'amour de l'ordre des nazis allemands et la pensée de Benito Mussolini. Il épousa une Française, de quarante ans sa cadette, Yvonne Payerne, dont il eut un autre fils, et passa ses vieux jours sur la Côte d'Azur. Lorsqu'il retourna en Amérique pour mourir, il était trop tard pour se réconcilier avec sa famille. Katherine, sa première femme, et ses fils Louis et Alan refusèrent de venir lui dire adieu sur son lit de mort.

Le vide se fit autour d'Isobel Osbourne Strong. Et le 17 septembre 1952, la veille de son quatre-vingt-quatorzième anniversaire, quand son unique enfant Austin Strong – qui contre toute attente avait réussi à percer comme auteur de théâtre à Broadway* – mourut à son tour, à soixante et onze ans, dans sa villégiature estivale de Nantucket, Belle se retrouva totalement seule. Mais le destin lui réservait une ultime pirouette. Sur plusieurs terrains que Belle avait hérités de Ned Field furent découverts de manière inattendue paraît-il – comme le veut du moins la légende familiale propagée ensuite par des générations de biographes – des gisements de pétrole considérables. Ces champs de pétrole auraient été situés à Long Beach et à Signal Hill, au sud de Los Angeles, et, étrangement, ils auraient fourni tant de pétrole que Belle, dernière héritière de Vailima, se serait retrouvée dans les dernières années de sa vie à la tête d'une fortune fabuleuse. On eût dit que le lutin de la bouteille avait rendu un dernier service aux Osbourne.

Le fait est qu'on avait découvert à Long Beach dès 1921, donc quinze ans avant la mort de Ned Field, l'un des plus grands champs de pétrole d'Amérique du Nord. Des centaines de petits propriétaires de terrain s'empressèrent de dresser des milliers de

* La pièce d'Austin Strong ayant connu de loin le plus grand succès fut *Seventh Heaven*, jouée sept cent quatre fois après sa création à Broadway le 30 octobre 1922. Cette comédie sentimentale devint un film, avec Janet Gaynor et Charles Farrell dans les rôles principaux. Un film parlant fut réalisé en 1937, les rôles principaux étant tenus par Simone Simon et James Stewart.

petits derricks ; car aucun d'eux n'admettait que le pétrole présent sous son terrain soit exploité par le voisin. Ce champ de pétrole se révéla particulièrement abondant – le pétrole en jaillit encore de nos jours –, et nombre de propriétaires fonciers s'enrichirent. Mais rien n'indique qu'un dénommé Ned Field ait figuré parmi ces heureux bénéficiaires. Le Department of Oil Properties de la ville de Long Beach ne garde dans ses archives aucune trace d'un homme de ce nom, et il en va de même pour la Los Angeles Basin Geological Society.

Isobel Osbourne Strong Field mourut richissime le 26 juin 1953 à Santa Barbara, Californie. Elle fut enterrée au Forest Lawn Memorial Park de Glendale. Avec elle, la dernière occupante de Vailima et la dernière intime de Robert Louis Stevenson avait quitté ce monde.

16

LE SOUFFLE VENU DE LA MER

QUE RESTE-T-IL lorsque tous sont morts ? Il reste les deux îles Cocos. Impassibles dans le ressac de l'océan Pacifique, elles gardent leur secret et, au-delà, un autre secret : savoir si ce secret fut jamais percé. Et si elles restent à l'abri des drames de la cupidité et des passions humaines, elles n'en sont pas pour autant inébranlables, au contraire : car la géologie enseigne que les îles volcaniques sont des formations tectoniquement très instables. Elles connaissent des plissements, des éruptions et des secousses d'une violence extrême, des terres nouvelles surgissent des flots et des bandes entières de terre sont englouties par les eaux ; à cela s'ajoute que la fonte des glaces aux pôles Nord et Sud fait monter lentement, mais constamment, le niveau du Pacifique. On est frappé, en comparant les plus anciennes cartes existant des îles Cocos avec les plus récentes photographies par satellite, de ce que leurs contours actuels n'ont plus guère de ressemblance avec ce qu'ils étaient voici deux siècles. Ni le capitaine Thompson, ni John Keating, ni Robert Louis Stevenson ne s'y retrouveraient aujourd'hui – même s'ils tenaient entre les mains la seule carte authentique du trésor dessinée de ses mains par

Thompson le jour même où il aurait enfoui le trésor. Car hélas, il semble fort que tout l'or et tout l'argent, si nul ne les a retrouvés, ont été totalement anéantis par les forces puissantes à l'œuvre à l'intérieur d'une île volcanique. Peut-être le trésor a-t-il été aussi englouti par la mer, ou bien s'est-il dissipé dans la chaleur de la lave liquide…

Cela n'a pas empêché des générations de chercheurs de trésor de se passer pour ainsi dire de main en main la bêche – même si ce fut sur seulement l'une des îles Cocos, celle du Costa Rica. En revanche, après les jours de Robert Louis Stevenson et du dieu-poisson Fatuulu, une tranquillité paradisiaque est revenue à Tafahi. Depuis quelques décennies, les indigènes cultivent une vanille de la meilleure qualité leur permettant d'atteindre des records de prix sur le marché mondial. Personne n'a remarqué que le dieu-poisson Fatuulu soit jamais revenu.

Il est intéressant cependant que, en 1952 – un an avant la mort de Belle Osbourne –, un jeune Danois nommé Preben Kauffmann ait abordé aux Tonga. Six mois plus tôt, il avait pris la mer à San Francisco sur un petit voilier d'occasion, avait courageusement franchi le Golden Gate pour gagner le Pacifique et, *via* Tahiti, ce royaume du Pacifique. Peu après, il s'établit à Tafahi et, fait notable, non pas sur la côte nord à proximité du village, mais au sud-est. Sur cette même plage, donc, où avait sévi soixante ans plus tôt le dieu-poisson. En retrait de la plage, Preben Kauffmann découvrit une grotte qu'il aménagea confortablement pour y mener les quarante années suivantes une vie d'ermite.

Preben Vigo Heinrich Kauffmann était né le 11 juin 1923 à Fredericia, non loin de la frontière avec l'Allemagne – sur le siège arrière d'un taxi, d'ailleurs, pendant le trajet pour l'hôpital. Il fut un enfant maladif, mais bon élève à l'école ; pendant ses années d'école primaire et de lycée dans la bourgade portuaire de Skælskør, il obtenait presque toujours les meilleures notes. Il n'avait pas encore dix-sept ans lorsque le 9 avril 1940, la Wehrmacht envahit le Danemark. L'année suivante, Preben Kauffmann commença des études d'ingénieur à l'Institut polytechnique de Copenhague. Après s'être spécialisé en construction subaquatique et avoir terminé ses études avec mention en 1946, il partit en 1948 pour San Francisco, où il trouva un emploi d'inspecteur des ponts et des tunnels. Il est intéressant que, dès le premier jour, il épargna en vue d'acheter un voilier. Deux ans plus tard, le moment était arrivé : Preben Kauffmann, qui n'avait pas la moindre connaissance en voile ni en navigation en haute mer, acheta à bon prix et d'occasion un voilier à un mât de huit mètres ainsi qu'un manuel de voile et de navigation. Équipé de la sorte, il mit à profit chaque jour chômé pour croiser dans la baie de San Francisco pour se former en autodidacte – et cela, du reste, pour ainsi dire sous les yeux de Belle Osbourne qui, alors âgée de quatre-vingt-quatorze ans, avait une vue magnifique sur la baie depuis sa villa sur les hauteurs de la ville. Enfin, par une belle journée de l'été 1951, il chargea son embarcation d'une grande quantité de vivres, franchit le Golden Gate et gagna le Pacifique.

Après un détour par Tahiti, il arriva aux Tonga le 18 mars 1952, blond, hâlé et barbu après cette longue traversée. Ignorant la langue locale et pratiquement sans ressources, il n'en fit pas moins très vite carrière dans l'archipel. Il ne se fit pas *beachcomber*, comme tant de ces soldats traumatisés qui trouvèrent refuge par milliers dans les mers du Sud après la Seconde Guerre mondiale, mais obtint, dès le deuxième jour de son séjour sur l'île principale, une audience au palais royal. Le même jour, il offrit son bateau à la reine Salote et décida de s'établir pour la vie aux Tonga. Voilà qui de nouveau est très surprenant : car de tout temps, tous les autres étrangers ont rapporté unanimement combien il était fastidieux d'obtenir une audience à la cour tongienne ; il fallait négocier pendant des semaines avec des courtisans, remettre des suppliques écrites et envoyer des émissaires en éclaireurs au palais avant d'être enfin admis.

Le gouvernement tongien avait été très heureux d'accueillir un ingénieur, déclara plus tard Kauffmann pour expliquer cette rapidité. Dès la première année lui avait été proposé l'office d'architecte du roi. Mais, ne voulant pas renoncer à sa liberté, il avait préféré rester au service de la famille royale comme conseiller indépendant, sans emploi ni salaire fixes. Peu après, la reine Salote avait fait de lui son fils adoptif.

On veut bien croire que la maison royale ait eu besoin de conseillers compétents ; en particulier, le prince héritier et futur roi Taufa'ahau Tupou IV eut toujours à cœur de prendre les mesures les plus variées pour conduire son royaume vers un avenir plus lumineux. Un jour, il réforma l'alphabet tongien en abolissant les lettres *b* et *d* car, selon lui, le *p* et le *t* suffisaient amplement. Une autre fois, il voulut construire à l'aéroport, avec l'aide de l'Union soviétique, une nouvelle piste d'atterrissage longue de trois kilomètres pour que les plus gros jets puissent atterrir à la porte de chez lui. Puis il se mit en tête de planter des oliveraies sur le modèle italien et de se lancer dans la concurrence avec l'industrie japonaise de la pêche à la baleine. Et comme rien de cela ne portait ses fruits, il fit faire des forages sur son île à la recherche de pétrole. On ignore quelles sortes de conciliabules tinrent le Danois et ce donquichotteste prince héritier ; en tout cas, rien ne laisse penser que Preben Kauffmann ait accompli de grands exploits à Tonga en qualité d'ingénieur. Son unique témoignage comme constructeur est une église de bois de style danois sur l'île principale de Tongatapu. En revanche, il devint célèbre comme l'ermite blanc qui passait ses journées sur la plage de Tafahi seul, frugalement et avec la bénédiction de la maison royale. Les indigènes le nommèrent bientôt Tavi Maupiti, ce qui veut dire "souffle venu de la mer", ou encore "l'insurpassé".

On ne sait ce qu'il fit à Tafahi. Il se construisit avec des planches à proximité immédiate du "rocher de Fatuulu" une plateforme sur un arbre à pain, se dépouilla de ses vêtements, se nourrit de mangues, noix de coco et racines et ne se coupa ni les cheveux ni la barbe pendant une décennie. Si l'on en croit ses déclarations, il n'avait pas le moindre outil à sa disposition sinon une machette, une loupe, un canif et une cuillère à thé. Il passait sur la plateforme de son arbre à pain ses nuits et les heures les plus chaudes de la journée. Quand il pleuvait, il se retirait dans une proche caverne où il avait aussi entreposé sa bibliothèque.

Il tint dix ans dans cet ermitage ; puis il revint à la civilisation, sur l'île principale de Tongatapu, pour devenir conseiller personnel de la reine Salote. Mais même alors, il retournait année après année à Tafahi, avec la bénédiction explicite de la reine, pour passer les six mois les plus chauds de l'année sur la plage du "rocher de Fatuulu".

Il faut savoir que Tafahi, pendant les six mois d'été, n'a rien d'une destination touristique. Il y fait horriblement chaud et humide, plus chaud et plus humide que nulle part ailleurs au royaume des Tonga, il pleut plusieurs fois par jour, et la menace d'un ouragan plane sans cesse. La plage une fois passée, c'est la jungle, escarpée et impénétrable, et l'on est seul, désœuvré. Certes, les fruits de forêt vous tombent littéralement dans la bouche – il y a noix de coco, mangues et papayes à profusion –, mais pourquoi un jeune ingénieur du Danemark choisit précisément cet endroit du monde pour y passer sa vie, voilà qui reste une énigme. La mère de Preben Kauffmann, qui lui rendit visite bien plus tard, aurait dit que, selon elle, cet endroit n'était même pas assez bien pour y mourir.

Alors qu'il était encore jeune, Tavi songeait parfois, dans sa solitude choisie, à se marier. Il confia son projet à la reine Salote ; celle-ci attira son attention sur le fait qu'aux Tonga, on n'épousait pas seulement la fiancée, mais le clan entier, et que cela ne pouvait apporter que des désagréments. Aussi renonça-t-il au mariage. Une fois seulement, il fut tenté, c'était pendant la saison sèche de 1969, lorsque le Peace Corps envoya comme professeur d'anglais aux Tonga une Américaine de vingt-quatre ans nommée Tina Martin. Preben Kauffmann s'éprit de la jolie Tina qui, quelques années plus tôt, avait été couronnée Miss Columbia dans sa *high school* de

Columbia, en Caroline du Sud* ; il l'appelait parfois en plaisantant "ma fiancée". Mais elle lui fit savoir qu'il tenait bien trop de Jésus-Christ dans son allure et sa nature et elle trop peu de Marie-Madeleine. Il lui répondit alors d'un air entendu qu'il n'était pas l'ascète qu'elle croyait. En octobre 1971, son contrat d'enseignement terminé, elle retourna en Californie. Tina Martin devait rester la seule femme dans la vie de Preben Kauffmann. Elle et lui s'écrivirent encore pendant de nombreuses années, même des années après que Tina se fut mariée et eut donné naissance à un fils. Le contact finit par se perdre dans les années 1980.

Lorsque des journalistes interrogeaient Preben Kauffmann sur les raisons de sa vie d'ermite, il leur donnait les raisons les plus diverses. En 1987, il déclara au magazine d'information tongien *Matangi Tonga* s'être réfugié dans sa jeunesse à l'autre bout du monde pour échapper aux dévastations nucléaires de la Troisième Guerre mondiale qui menaçait d'éclater. "J'ai remarqué qu'il ne suffirait pas d'aller en Australie – que je devais chercher un endroit encore plus à l'écart ; un endroit où il n'y avait rien, rien qui vaille que quiconque gaspille une bombe atomique." On n'imagine guère explication plus abstruse ; car le fait est que, deux ans après l'arrivée de Preben Kauffmann, les puissances nucléaires

* L'élection de la reine de beauté, qui aurait dû se dérouler le 22 novembre 1963, fut reportée de deux semaines car c'est ce jour-là que fut assassiné le président John F. Kennedy. Tina Martin écrivit plus tard un récit évoquant une jeune femme des États du Sud qui, le jour de l'assassinat de Kennedy, tente de fléchir Dieu par une prière pour qu'il lui fasse remporter l'élection. Ce récit peut être lu à l'adresse http://www.peacecorpswriters.org/pages/2003/0305/305wrwr-tm.html.

commencèrent leurs essais dans les mers du Sud. Le 1er mars 1954, les États-Unis firent exploser pour un premier essai sur les îles Marshall une bombe thermonucléaire d'une énergie mille fois supérieure aux bombes d'Hiroshima et de Nagasaki. Par la suite, quatre décennies durant, la Grande-Bretagne et la France elles aussi utilisèrent régulièrement le Pacifique pour des essais nucléaires.

La raison qu'il invoqua en 1991 face à un reporter du journal danois *Jyllands Posten* n'est guère plus crédible ; il expliqua que le climat des Tonga était salutaire pour ses rhumatismes articulaires et sa tuberculose ; mais le reporter n'eut pas de mal à constater que les douleurs articulaires et les difficultés à respirer empêchaient presque Kauffmann de marcher.

Le temps s'écoulait ainsi. Tavi passait une moitié de l'année à Tafahi près du "rocher de Fatuulu" – qu'on appelait déjà depuis longtemps "rocher de Tavi" –, et le reste du temps au sud du royaume, à la cour de sa reine et fraternelle amie Salote. On ne peut affirmer que le climat lui ait été particulièrement bienfaisant. Il souffrait de rhumatismes et de troubles cardiaques, et comme il était végétarien et se nourrissait exclusivement de fruits et d'herbe, une carence en protéines apparut au fil des ans. À soixante-huit ans, Tavi renonça. Il écrivit à l'ambassadeur du Danemark en Nouvelle-Zélande pour le prier de lui procurer un billet d'avion pour rentrer au Danemark.

C'est ainsi que fin janvier 1992, après presque quarante ans, il disparut en douce de Tonga, sans prendre congé de la famille royale ni de ses nombreux amis. Trente-six heures de vol plus tard, par un froid cinglant, il descendit d'avion à Copenhague, vêtu d'une vieille chemise et d'une veste à carreaux ainsi que d'une tunique polynésienne à fleurs, ses pieds nus chaussés de vieux souliers élimés. Il n'avait aucune valeur à déclarer.

Il trouva refuge à Skælskør chez sa sœur Elsbeth qui était restée célibataire et vivait encore dans l'appartement de ses parents maintenant décédés. L'État-providence danois recueillit l'enfant prodigue avec bienveillance ; Preben Kauffmann perçut une retraite mensuelle – sans doute plus d'argent qu'il n'en avait jamais eu jusque-là – et eut droit à des médicaments contre ses rhumatismes et pour son cœur fragile. Mais il ne fut plus jamais heureux dans les froideurs septentrionales. Il passait des jours entiers au lit et, la première année, il lui arrivait souvent de verser des larmes nostalgiques sur la chaleur et l'immensité des mers du Sud. Il grelottait, était sans cesse enrhumé, et ses rhumatismes empiraient. Il n'avait personne que sa sœur. Trois ans après son retour, le 11 avril 1995, il avala une surdose de ces cachets censés fortifier son cœur fragile. Le médecin dépêché constata un arrêt cardiaque.

VOILÀ. C'est tout. Bien des choses sont arrivées depuis cette soirée passée devant l'hôtel Outrigger, sur les hauteurs d'Apia. Pour avoir traversé l'île à pied, je suis sûr maintenant qu'il ne fallait pas plus de trois heures à Louis pour se rendre à cheval jusqu'à la côte sud. J'ai rendu visite aux arrière-petits-enfants des amis de Stevenson, j'ai longuement discuté avec eux, hélas sans obtenir d'informations sur une petite île volcanique située juste au-delà de l'horizon. J'ai passé des après-midis entiers à Vailima et découvert toutes sortes de choses bonnes à savoir ; par exemple que la cave à vin que mentionnent d'innombrables biographes et où Louis serait allé chercher une bouteille de bourgogne le dernier soir de sa vie n'existe tout simplement pas – la maison est construite sur pilotis et n'a jamais eu de cave, et il n'existe pas non plus au-dessus du niveau du sol une pièce qui ressemble le moins du monde à une cave. C'est intéressant, bien sûr, car cela jette une lumière sur la méthode de travail des biographes, mais n'a guère de rapport avec les trésors des pirates et les chercheurs de trésor. Je n'ai pas trouvé de doublons d'Espagne à Vailima. Il y a toutefois dans le salon un coffre imposant, exactement à l'emplacement où il s'en trouvait déjà un du temps de Stevenson. Bien entendu, il est vide, d'une part, et d'autre part il n'a, malgré les serments du directeur du musée, pas la moindre ressemblance avec le coffre qu'on voit sur les photographies de famille des Stevenson.

Et puis j'ai trouvé l'endroit de la rivière où Louis se baignait, et moi aussi je m'y suis baigné. J'ai escaladé plusieurs fois le sentier raide qui conduit au mont Vaea et j'ai passé des heures près de la tombe de Stevenson, malheureusement sans éprouver la moindre sensation métaphysique. Et j'ai épluché toutes les bibliothèques des Samoa, je suis resté à l'affût de deux ministres et j'ai importuné cinq missionnaires, deux météorologistes et trois professeurs d'université.

Je me suis laissé entraîner par des racontars que personne n'a voulu confirmer. L'un dit que le roi de Tonga aurait découvert dans une épave au large du groupe d'îles de Ha'apai un trésor en or datant du XIXe siècle et l'aurait vendu pour trois cents millions de dollars au milliardaire japonais Sasakawa au début des années 1990 – donc exactement à l'époque à laquelle Preben Kauffmann quitta les mers du Sud pour mourir sans ressources et pitoyablement triste (et privé de la récompense allant au découvreur ?) dans le froid de son pays natal. Hélas, le milliardaire était mort depuis et la maison royale de Tonga fit savoir qu'elle n'avait connaissance ni d'un trésor ni de trois cents millions de dollars.

Et puis je voulus me rendre sur cette plage solitaire du Sud de Tafahi, but ultime de mon voyage. Je voulais toucher le "rocher de Fatuulu" et trouver cette grotte dans laquelle Preben Kauffmann avait passé la moitié de sa vie. Je voulais passer une heure ou deux assis sur la plage à imaginer, deux siècles plus tôt, le capitaine Thompson jetant l'ancre du *Mary Dear* et ses hommes transportant les caisses du trésor dans des canots pour les décharger à terre.

Malheureusement, Royal Tongan Airlines avait fait faillite peu avant, la seule compagnie aérienne à desservir Tafahi de temps en temps avec un petit bimoteur. Il y avait un bac, mais il ne passait qu'une fois toutes les six semaines. Et mon vol retour pour l'Europe était déjà réservé, et la date ne pouvait être repoussée.

C'est ainsi qu'un an après, je repartis pour un deuxième voyage dans les mers du Sud. Les avions de Royal Tongan Airlines étant toujours cloués au sol, et comme il ne passait désormais plus de bac du tout, je réservai auprès d'un pratiquant de la pêche sportive, un dénommé Greg Hopping, une traversée privée. La mer était assez mauvaise. Après vingt heures de traversée, une petite île volcanique fut en vue au sud. Rien ne manquait : la forme conique typique, la plage de sable blanc, les palmiers et la forte pente du versant basaltique. Greg me déposa à l'unique débarcadère, au nord-ouest de l'île, et promit de venir m'y reprendre exactement vingt-quatre heures plus tard.

Un escalier raide taillé dans le roc conduisait du débarcadère au village, d'où un sentier piétonnier, le long des falaises, à une distance sûre de l'océan, mène à la plage solitaire au sud-est de l'île. Je trouvai tout comme je l'avais imaginé : le sable blanc vierge, le ressac au loin sur le récif et le nez rocheux noir à l'extrémité nord de la plage, sans aucun doute le "rocher de Fatuulu". Dans la jungle, à l'arrière de la plage, je découvris parmi les palmiers et les fougères, non sans avoir cherché, une grotte dont l'entrée à une hauteur d'environ un mètre cinquante et une largeur de deux mètres et qui conduit, parallèlement au rivage, à l'intérieur de la roche. Il faisait sombre à l'intérieur, le sol était glissant et en pente descendante. Je pris ma lampe de poche dans mon sac à dos. Son faisceau se perdit dans le noir de la grotte. Je fis quelque pas, et s'éleva alors de l'obscurité de la terre un bruit puissant de couinements et de battements d'ailes, puis passèrent près de moi dans l'étroit boyau de la grotte des centaines de chauves-souris gagnant le grand jour. Quand ce fut fini, je dirigeai de nouveau ma lampe de poche vers l'obscurité et constatai que le sol descendait en pente toujours plus forte, et sans appui aucun, vers le noir sans fond. Je décidai d'en rester là. Je ne voulais pas faire attendre Greg Hopping au débarcadère.

C'est ainsi qu'en juillet 2006 je partis pour un troisième voyage dans les mers du Sud. Dans l'intervalle, Royal Tongan Airlines avait repris son activité, un investisseur japonais avait viré de l'argent. Le vol d'Apia à Tafahi dure une petite heure. Cette fois, j'avais apporté deux puissants projecteurs LED et une solide corde d'alpinisme. Le chemin conduisant jusqu'à la plage m'était familier, je retrouvai ma grotte. Avant d'y entrer, je parcourus la plage à la recherche d'autres grottes. Il n'y en avait pas.

À l'entrée de la grotte, je nouai une extrémité de ma corde au tronc d'un palmier, et fixai l'autre à ma ceinture. Je lançai quelques pierres dans la grotte pour tirer les chauves-souris suspendues de leur sommeil, mais rien ne bougea – pas non plus quand j'entrai dans la grotte et descendis prudemment sur le sol glissant.

Il apparut que cette grotte n'était que l'antichambre d'une seconde grotte, bien plus vaste. Je me glissai par l'ouverture. La corde se révéla inutile quand, après avoir fait trois ou quatre pas, j'eus de nouveau sous les pieds un sol plan. Je me redressai, éclairai dans toutes les directions avec mes projecteurs – il n'y avait rien. Rien que des parois rocheuses nues et sombres dans une cavité où l'on aurait pu facilement garer une voiture de pompiers américaine. Pas de chauves-souris, cette fois. Nulle part une trace humaine, pas de cadre de lit, pas de table, pas de rayonnage pour livres. Il était difficile de dire si le plafond de basalte avait pu être noirci par la suie de torches ou de feux de camp. Pas la moindre inscription aux murs. Nulle part une caisse du trésor. Même pas un doublon oublié.

Et pourtant, j'étais heureux.

Je m'assis sur une pierre, respirai profondément et m'allumai une cigarette.

J'étais enfin arrivé.

C'était la grotte de Preben Kauffmann, aucun doute.

Peut-être bien que sur la pierre sur laquelle je fumais ma cigarette, Robert Louis Stevenson lui aussi s'était assis un jour.

Peut-être même le capitaine Thompson.

Olten, 22 avril 2015

Je préfère de beaucoup la biographie à la fiction, personnellement : la fiction est trop libre. Dans une biographie, on a une petite poignée de faits, les petits morceaux d'un puzzle, on s'assoit, on réfléchit, on les assemble d'une façon, puis d'une autre, puis on se lève et on les jette à terre, et on dit zut !, on va faire un tour, c'est vraiment apaisant ; une fois que la biographie est faite, elle donne à l'auteur un sentiment de finition qui est très apaisant. Bien sûr, ce n'est pas vraiment aussi fini qu'un très mauvais roman ; une biographie a toujours et doit toujours contenir les incurables absurdités de la vie… Pourtant, c'est ça qui est amusant.

Robert Louis Stevenson
à Sir Edmund Gosse,
10 juin 1893

REMERCIEMENTS

Ce livre n'aurait jamais vu le jour sans mon ami Walter Hurni de Blenheim, Nouvelle-Zélande. C'est lui qui, il y a des années de cela, fit cette découverte exaltante : il existait, non loin des Samoa de Robert Louis Stevenson, une seconde île Cocos. Il eut la générosité de m'exposer lors de longues conversations les résultats de ses années de recherches dans les mers du Sud et fut toujours là quand je ne savais plus comment avancer.

Mes remerciements vont aussi au Dr Richard Gissler (Jülich), qui a mis à ma disposition les lettres de son oncle August ; ainsi qu'à Patrick Moors, Apia, petit-fils de Harry Moors, ami de Stevenson ; à Trevor Stevenson, arrière-arrière-petit-neveu de l'écrivain et avocat à Apia ; à mon ami Tom Rudnick (Vavau, Samoa), pour son hospitalité et son aide sur le parquet diplomatique de Samoa ; à Tina Martin (San Francisco), pour les renseignements fournis sur son ami de jeunesse Preben Kauffmann ; ainsi que les nombreux experts des universités et bibliothèques qui ont partagé avec moi leur savoir d'experts : Unasa Leulu Felise Va'a, professeur d'histoire, et Naumati Vasa, chargé de cours en sculpture traditionnelle sur bois et en mythologie à la National University of Samoa, Apia ; Dean Solofa, Climate Scientific Officer au ministère samoan de l'Agriculture ;

révérend Oka Fau'olo, Chairman du Samoa Council of Churches ; Roger G. Swearingen, éminent spécialiste de Stevenson à Santa Rosa, Californie ; le professeur Richard Dury, université de Bergame, Italie, dont le site (http://dinamico.nibg.it/rls/rls.htm) est le pays d'adoption des stevensoniens du monde entier ; Yaye Tang et Lisa Cole, School of Oriental and African Studies, University of London ; Liza Verity, National Maritime Museum, Greenwich, Londres ; Kathy Wilkinson, Council for World Mission, Londres ; Elaine Greig, conservatrice du Writers' Museum, Édimbourg ; Chris Quist, conservateur du musée Stevenson de Monterey, Californie ; Don Clarke, Chairman of the Los Angeles Basin Geological Society et géologue au Department of Oil Properties des services administratifs de Long Beach ; William P. Stoneman et Florence Fearrington, Harvard Library Bulletin ; Leif Møller, journaliste et biographe de Preben-Kauffmann à Ry, Danemark ; Slobodan Bob Milinovic, State Library of New South Wales, Sydney, Australie ; Nina Rothberg pour ses recherches à la Public Library of San Francisco, Californie ; Namrata Krishna pour ses recherches à la bibliothèque de l'University of California, Berkeley ; et enfin au canton de Soleure, qui a pris en charge mes billets d'avion pour Londres, Édimbourg, Los Angeles et les îles Samoa.

SOURCES

Les traductions de textes dont la langue originale n'est pas l'allemand (notamment les écrits de R. L. Stevenson) ont été reprises de traductions publiées ou établies directement depuis l'original, sauf quelques exceptions signalées par la mention : (trad. de l'all.).

Dans le cas des traductions publiées, elles ont parfois été légèrement remaniées afin de mieux s'intégrer dans le cours du texte.

Note de l'éditeur

P. 7 : "Que fait-il… ?" : Robert Louis Stevenson, *The Ebb-Tide*, in *The Works of Robert Louis Stevenson*, Vailima Edition, Londres, 1922, vol. 18, p. 124. Cité dorénavant : *Works* suivi du numéro du volume ; *Le Creux de la vague, in* R. L. Stevenson, *Le Prisonnier d'Édimbourg et autres récits*, Robert Laffont, Bouquins, 2012, trad. fr. Théo Varlet, p. 578.

P. 14 : "Nous touchons à la fin…" : *The Letters of Robert Louis Stevenson*, New Haven et Londres, 1995, vol. 6, p. 334 *sq*. Cité dorénavant : *Letters*, suivi du numéro du volume ; *Lettres des mers du Sud. Correspondance, tome II (août 1887-décembre 1894)*, éd. Michel Le Bris, trad. fr. Isabelle Chapman, Anne Paumier, Gérard Piloquet, Jean-Pierre Ricard, Paris, NiL Éditions, 1995, p. 281-282 ; dorénavant abrégé : *Corr.* 2 (2 décembre 1889).

P. 15 : "J'ai l'intention…" : *Letters*, vol. 6, p. 337 ; *Corr.* 2, p. 281 et 283-284 (2 décembre 1889).

P. 24 : "Je vis arriver…" : William E. Clarke, "Robert Louis Stevenson in Samoa", in *Yale Review*, janvier 1921, p. 275 *sq.*

P. 25 : "Ce n'était pas…" : Harry Jay Moors, *With Stevenson in Samoa*, Londres, 1911, p. 3-4.

P. 26 : "Avant-hier on m'a arrêté…" : *Letters*, vol. 6, p. 346 ; *Corr.* 2, p. 291 (28 décembre 1889).

P. 27 : "Les Samoa, ou à tout le moins Apia…" : *ibid.*, p. 347 ; *Corr.* 2, p. 292-293 (28 décembre 1889).

P. 28 : Sur le rapport annuel de Clarke, voir William E. Clarke, "Rapports annuels manuscrits", Archives de la London Missionary Society. Les notes manuscrites de Louis sont archivées à la Beinecke Rare Book and Manuscript Library, Yale University, et partiellement publiées *in* Graham Balfour, *The Life of Robert Louis Stevenson*, New York, 1901, vol. 2, p. 102 *sq.* (trad. de l'all.).

P. 31 : "Son oreille…" : *Letters*, vol. 7, p. 59 ; *Corr.* 2, p. 406-407.

P. 32 : "J'ai acheté 314 acres" : *ibid.*, vol. 6, p. 360 ; *Corr.* 2, p. 299-300 (3 février 1890) (trad. modifiée).

P. 34 : "La forêt vierge…" : *ibid.*, p. 393 (trad. de l'all.).

P. 35 : "Je déteste tellement…" : Fanny et Robert Louis Stevenson, *Our Samoan Adventure*, New York, 1955, p. 38 ; *Notre aventure aux Samoa*, trad. fr. Isabelle Py Balibar, Paris, Phébus, 1994, p. 67.

P. 36 : "Je fais ici un sacrifice…" : *Letters to Charles Baxter*, p. 253, lettre de Fanny Stevenson à Mrs Sitwell, p. 503-505 (trad. de l'all.).

P. 39 : "Je pense que..." : Harry Jay Moors, *With Stevenson in Samoa*, Londres, 1911, p. 210.

P. 40 : "Même si l'endroit..." : Lloyd Osbourne, *An Intimate Portrait of Robert Louis Stevenson*, New York, 1924, p. 134 *sq*.

P. 41 : Mont Vaea : Louis mentionne ce nom en passant dans une lettre à Sidney Colvin de décembre 1891, où il décrit sa recherche d'une source d'eau potable ; voir *Letters*, vol. 7, p. 22 *sq*.

P. 43 : "Oui, ces îles sont belles..." : *Sydney Morning Herald*, 14 février 1890.

P. 46 : "Comme dit le proverbe..." : Robert Louis Stevenson, "My first book : *Treasure Island*", in *Works* 5.

P. 50 : "Un garçon hystérique..." : extraits de deux lettres de Fanny Osbourne à son admirateur californien Timothy Rearden, 25 juillet et 1er décembre 1876, en possession du Silverado Museum, Saint Helena, Californie. Citées d'après Margaret Mackay, *The Violent Friend. The Story of Mrs. Robert Louis Stevenson*, New York, 1968, p. 59 et 64.

P. 51 : "C'est un homme laid si agréable..." : lettre d'Isobel Osbourne, citée d'après Margaret Mackay, *ibid.*, p. 57.

P. 52 : "Elle produisait une impression..." : Sidney Colvin, *Memories and Notes of Persons & Places 1852-1912*, New York, 1921, p. 130.

P. 53 : Sur ce voyage dans le Sud de la France, voir Robert Louis Stevenson, *Travels With a Donkey in the Cévennes*, in *Works* 1, p. 209.

P. 53 : "J'étais paresseusement étendu..." : Robert Louis Stevenson, *Promenades avec un baudet dans les Cévennes*, *in* Robert Louis Stevenson, *Voyages en France*, trad. fr. Léon Bocquet, Paris, 1951 (autre titre plus courant : *Voyage avec un âne dans les Cévennes*).

P. 54 : “Je n’écris jamais à F.” : lettre à Sidney Colvin, inédite, Beinecke Collection, Yale University (trad. de l’all.).

P. 55 : “Quand j’arpentais le pont…” : Robert Louis Stevenson, *The Amateur Emigrant*, in *Works* 2, p. 234 *sqq*.

P. 56 : “Cher Colvin” : lettre à Sidney Colvin, août 1879, in *Letters*, vol. 3, p. 7 *sq.* ; *Lettres du vagabond. Correspondance, tome I (septembre 1854-août 1887)*, édition établie et présentée par Michel Le Bris, trad. fr. de Robert Louit, Jean-Pierre Ricard et Isabelle Chapman, Paris, NiL Éditions, 1994 [Abréviation : *Corr.* 1], p. 361-362.

P. 57 : “Les rails filent…” : lettre à Henley, 23 août 1879, in *Letters*, vol. 3, p. 10 ; trad. fr. in *Corr.* 1, p. 366-367.

P. 58 : “Histoire des États-Unis” : George Bancroft, *History of the United States*, Boston, 1841. Louis avait acheté ces six volumes le 19 août 1879 en attendant le train pour la Californie.

P. 59 : “Oh Sam, pardonne-moi !” : Lloyd Osbourne, *An Intimate Portrait of Robert Louis Stevenson*, New York, 1921, p. 21.

P. 59 : “De mon côté…” : lettre à Charles Baxter, 9 septembre 1879, in *Letters*, vol. 3, p. 12 ; trad. fr. *Corr.* 1, p. 369.

P. 59 : “Le premier…” : lettre à Sidney Colvin, septembre 1879, in *Letters*, vol. 3, p. 12 ; trad. fr. *Corr.* 1, p. 370.

P. 61 : “J’ai couru…” : Robert Louis Stevenson, *The Old and the New Pacific Capital*, in *Works* 2, p. 410.

P. 62 : “Des rues montent…” : *ibid.*, p. 433.

P. 65 : “Deux expéditions…” : *The San Francisco Call*, 31 octobre 1879, p. 1 ; un article presque identique se trouve dans le *Santa Barbara Daily Press*, 28 octobre 1879, p. 2.

P. 69 : “Les quatre jours…” : James Colnett, *A Voyage Into the South Atlantic and Round Cape Horn Into the Pacific Ocean*, Londres, 1798, p. 73, fac-similé, Amsterdam / New York, 1968.

P. 84 : "Qu'ils me déshéritent…" : *Letters*, vol. 3, p. 57.

P. 85 : "Je sais bien que…", *ibid.*, p. 91 (trad. de l'all.).

P. 89 : "Je vais vraiment mieux…" : *ibid.*, p. 87 (trad. de l'all.).

P. 90 : "Quant à la mine de…" : *ibid.*, p. 88 (trad. de l'all.).

P. 90 : "Je suis désormais…" : *ibid.*, p. 186 (trad. de l'all.).

P. 91 : "qui pouvait avoir neuf miles de long…" : Robert Louis Stevenson, *Treasure Island*, in *Works* 5, p. 62 ; *L'Île au trésor*, trad. André Laurie, Paris, Hetzel, s.d., p. 46.

P. 92 : "C'est à peu près ainsi…" : *Works* 5, p. 22 (extrait de "My first book").

P. 93 : "Je trimai pendant quinze jours…" : *ibid.*, p. 24.

P. 96 : "et alors !" : *ibid.*, p. 27.

P. 97 : "Woggle" : sources concernant les divers noms Walter, Woggle, Woggs, Woggy, Watty, Wiggs ou encore Bogue : Willem George Lockett, *Robert Louis Stevenson at Davos*, Londres, s.d., p. 58 ; Joseph C. Furnas, *A Voyage to Windward. The Life of Robert Louis Stevenson*, New York, 1951, p. 189 ; Hancock and Weston, *The Lost Treasure of Cocos Island*, New York, 1960, p. 39 *sqq.*

P. 101 : "Il y a eu déjà…" : lettre d'August Gissler de décembre 1888 à son frère Hermann. Documents posthumes, gérés en partie par le petit-fils de Hermann Gissler, le Dr Richard Gissler, Jülich.

P. 111 : "Le capitaine Gissler est…" : *New York Times*, 20 novembre 1904.

P. 119 : *Le lutin dans la bouteille* : Louis avait écrit une première version de *The Bottle Imp* (traduite en français également sous le titre *La Bouteille endiablée* et publiée dans le recueil *Veillées des îles*) en mai 1889 à Hawaii, une seconde fin 1889 juste après son arrivée aux Samoa. Il avait été inspiré par la pièce homonyme de Richard Brinsley Peake, créée en 1828 à l'English

Opera House, pièce elle-même basée sur un récit de Hans Jacob Christoffel von Grimmelshausen (1622-1676), *Trutz Simplex. Die Lebensbeschreibung der Erzbetrügerin und Landstörzerin Courasche* ("La Vagabonde Courage", 1670), chapitres 18 à 22.

P. 120 : "La maison s'élevait..." : Robert Louis Stevenson, *The Bottle Imp*, in *Works* 5, p. 402 *sq.* ; *La Bouteille endiablée*, in *Veillées des îles*, trad. fr. Pierre Leyris, *in* Robert Louis Stevenson, *L'Île au trésor et autres récits*, Laffont, Bouquins, 1984, p. 835-836.

P. 121 : "... il se mit en tête..." : *ibid.*, p. 395 *sqq.* ; trad. fr. p. 829-830.

P. 124 : "Il arrive que..." : *Letters*, vol. 8, p. 155.

P. 131 : Cf. John Martin, *An Account of the Natives of the Tonga Islands in the South Pacific Ocean*, Londres, 1817, vol. 2, p. 91. Dans les décennies qui suivirent, maints aventuriers cherchèrent sous l'eau l'entrée d'une grotte où se trouvait prétendument le trésor du *Port au Prince*, et cela le plus souvent sans l'accord exigé des autorités policières, comme s'en souvient le roi Taufa'ahau dans sa biographie, et sans se soucier du fait que l'or était légalement la propriété du royaume des Tonga.

P. 139 : Jacob LeMaire, *Mirror of the Australian navigation. The Voyage of Jacob LeMaire and William Schouten*, 1615-1616. Amsterdam, 1754, fac-similé Sydney, 1999. Toutes les citations sont reprises de l'édition suivante : *Journal ou description du merveilleux voyage de Guillaume Schouten, Hollandais natif de Hoorn, fait ès années 1615, 1616 & 1617*, Amsterdam, Ian Iansson, 1619, p. 38 à 46. (Le texte de cette traduction d'époque a été repris et légèrement modernisé.)

P. 147 : "... passait presque autant de temps..." : Graham Balfour, *The Life of Robert Louis Stevenson*, New York, 1901, vol. 2, p. 123.

P. 148 : “Tout va à merveille…” : (trad. de l’all.). Toutes ces citations sont extraites de lettres de Stevenson.

P. 148 : *Corr.* 2, p. 313.

P. 148 : *Ibid.*, p. 331.

P. 149 : *Ibid.*, p. 532.

P. 149 : *Ibid.*, p. 644.

P. 150 : *Ibid.*, p. 818.

P. 150 : *Ibid.*, p. 937.

P. 152 : “Si je me trouvais…” : *Christchurch Press*, 24 avril 1893.

P. 152 : “Stevenson ne fut peut-être…” : Lloyd Osbourne, *An Intimate Portrait of Robert Louis Stevenson*, New York, 1924, p. 130.

P. 154 : “J’aimerais bien écrire…” : Fanny and Robert Louis Stevenson, *Our Samoan Adventure*, *op. cit.*, p. 221 ; *Notre Aventure aux Samoa*, *op. cit.*, p. 270.

P. 156 : “Je dois…” : *Letters*, vol. 8, p. 39 *sqq*. (trad. de l’all.).

P. 157 : “Plus tard. 1 h 30…” : *ibid.*, p. 40.

P. 158 : “L’excellent Clarke…” : vol 7, p. 307. *Corr.* 2, p. 586.

P. 159 : “sans parler de…” : vol. 8, p. 30 (trad. de l’all.).

P. 160 : “Je ne veux pas…” : *ibid.*, p. 95.

P. 160 : “Tout compte fait…” : *ibid.*, p. 36 *sq.*

P. 161 : “Jeudi 5 avril” : *ibid.*, p. 39 *sq.*

P. 161 : “Vendredi 7 avril” : *ibid.*, p. 41.

P. 163 : Ce qui arrive à Tafahi : Maatu, le chef de tribu, rapporta tout cela en 1921 à l’ethnologue américain Edward Winslow Gifford. Une datation exacte n’est pas possible, les habitants de Tafahi ne disposant pas encore, à l’époque, d’une mesure précise du temps. Maata se souvient néanmoins que ce qu’il décrit se produisit sous le règne de Ngongo, donc à la fin du XIXe siècle. Voir Edward Winslow Gifford, *Tongan Society*, Honolulu, 1929, p. 314 *sq.*

P. 169 : “Lloyd était un peu sceptique…” : Fanny Stevenson, *The Cruise of the “Janet Nichol” Among the South Sea Islands. A Diary by Mrs Robert Louis Stevenson*, Londres, 1915, p. 2 *sqq*.

P. 178 : “comme ça…” : Graham Balfour, *The Life of Robert Louis Stevenson*, New York, 1901, vol. 2, p. 179.

P. 181 : “Le fragment” : ce fragment est passé à la postérité dans le recueil d’anecdotes d’Arthur Johnstone, *Recollections of Robert Louis Stevenson in the Pacific*, Londres, 1905, p. 308-309.

P. 184 : Sur la mort de Louis : voir *Letters*, vol. 8, p. 401 *sqq*. Extrait du journal de Belle. Sur l’enterrement de Stevenson, voir aussi Nelson Eustis, “R. L. Stevenson’s Days in Samoa”, in *Aggie Grey of Samoa*, Adélaïde, Australie-Méridionale, 1970.

P. 192 : Sur la mort de Ned Field, voir *New York Times*, 22 septembre 1936.

P. 193 : Sur la mort de Lloyd Osbourne, voir *New York Times*, 23 mai 1947. Sur le goût de Lloyd Osbourne pour Mussolini, voir Lloyd Osbourne, vingt lettres inédites à Isobel Field, juillet-décembre 1940, Bancroft Library, University of California, Berkeley, Californie.

P. 200 : Si l’on en croit ses déclarations… : interview parue dans *Matangi Tonga*, septembre-octobre 1987.

P. 201 : “ma fiancée” : correspondance entre Tina Martin et l’auteur, septembre-octobre 2004.

P. 202 : “J’ai remarqué…” : interview parue dans *Matangi Tonga*, septembre-octobre 1987 (trad. de l’all.).

P. 203 : *Jyllands Posten* : interview parue dans *Jyllands Posten*, dimanche 6 janvier 1991.

P. 211 : “Je préfère de beaucoup…” : lettre du 10 juin 1893 à Edmund Gosse, *Letters*, vol. 8, p. 104 ; trad. fr. *Corr.* 2, p. 758.

BIBLIOGRAPHIE

Baarslag, Karl, *Islands of Adventure*, New York, 1940.

Balfour, Graham, *The Life of Robert Louis Stevenson*, 2 volumes, New York, 1901.

Banfield, M. A., *The Health Biographies of Alexander Leeper, Robert Louis Stevenson and Fanny Stevenson*, Moodbury, Australie-Méridionale, 2001.

Bathurst, Bella, *The Lighthouse Stevensons*, Londres, 1999.

Beer, Karl-Theo, *Samoa – eine Reise in den Tod, Briefe des Obermatrosen Adolph Thamm, S. M. Kanonenboot Eber 1887-1889*, Hambourg, 1994.

Bell, Ian, *Dreams of Exile, Robert Louis Stevenson: A Biography*, New York, 1992.

Bermann, Richard A., *Home from the Sea, Robert Louis Stevenson in Samoa*, Indianapolis / New York, 1939.

Bohn, Robert, *Die Piraten*, Munich, 2003.

Booth, Bradford A. (éd.), "The Vailima Letters of Robert Louis Stevenson", in *Harvard Library Bulletin* XV / 2, avril 1967.

Cairney, John, *The Quest for Robert Louis Stevenson*, Édimbourg, 2004.

Calder, Jenni, *RLS: A Life Study of Robert Louis Stevenson*, Glasgow, 1980.

Calder, Jenni, *The Robert Louis Stevenson Companion*, Édimbourg, 1980.

Caldwell, Elsie Noble, *Last Witness for Robert Louis Stevenson*, Norman, 1960.

Clarke, William E., "Robert Louis Stevenson in Samoa", in *Yale Review*, janvier 1921.

Cleator, Philip Ellaby, *Treasure for the Taking*, Londres, 1960.

Colley, Ann C., *Robert Louis Stevenson and the Colonial Imagination*, Hampshire / Burlington, 2004.

Colnett, James, *A Voyage Into the South Atlantic and Round Cape Hoorn Into the Pacific Ocean*. Londres, 1798. Fac-similé, Amsterdam / New York, 1968.

Colvin, Sidney (éd.), *The Letters of Robert Louis Stevenson to his Family and Friends*, New York, 1902.

Colvin, Sidney, *Memories & Notes of Persons & Places 1852-1912*, New York, 1921.

Disch-Lauxmann, Peter, *Die authentische Geschichte von Stevensons* Schatzinsel, Hambourg, 1985.

Eustis, Nelson, "R. L. Stevenson's Days in Samoa", in *Aggie Grey of Samoa*, Adélaïde, Australie-Méridionale, 1970.

Eustis, Nelson, *The King of Tonga. A Biography*, Adélaïde, 1997.

Field Osbourne Strong, Isobel, *This Life I've Loved*, New York, 1937.

Field Osbourne Strong, Isobel, "Vailima Table-Talk. Robert Louis Stevenson in his Home Life", in *Scribner's Magazine*, New York, juin 1896.

Fitzpatrick, Elayne Wareing, *A Quixotic Companionship. Fanny and Robert Louis Stevenson*, Monterey 1997.

Fletcher, Brunsdon, *Stevenson's Germany. The Case Against Germany in the Pacific*, Londres, 1920.

Fraser, Marie, *In Stevenson's Samoa*, Londres, 1895.

Furnas, Joseph C., *Voyage to Windward. The Life of Robert Louis Stevenson*, New York, 1951.

Gifford, Edward Winslow, *Tongan Society*, Honolulu, 1929.
Gifford, Edward Winslow, *Tongan Myths and Tales*, Honolulu, 1924.
Gilson, Richard Phillip, *Samoa 1830-1900. The Politics of a Multicultural Community*, Melbourne, 1970.
Grift Sanchez, Nellie van de, *The Life of Robert Louis Stevenson*, New York, 1920.
Hancock, Ralph ; Weston Julian, *The Lost Treasure of Île Cocos*, New York, 1960.
Harman, Claire, *Robert Louis Stevenson: A Biography*, Londres, 2004.
Hellman, George S., *The True Stevenson. A Study in Clarification*, Boston, 1925.
Hellman, George S., "R. L. S. and the Streetwalker", in *The American Mercury*, juillet 1936.
Heyerdahl, Thor, *Kon Tiki. Ein Floß treibt über den Pazifik*, Oslo, 1948.
Issler, Anne Roller, *Happier for his Presence. San Francisco and Robert Louis Stevenson*, Stanford University Press, 1940.
Johnstone, Arthur, *Recollections of Robert Louis Stevenson in the Pacific*, Londres, 1905.
Knight, Alanna, *Robert Louis Stevenson Treasury*, Londres, 1985.
LeMaire, Jacob, *Mirror of the Australian Navigation. The Voyage of Jacob LeMaire and William Schouten, 1615-1616*. Amsterdam 1754, fac-similé, Sydney, 1999. Édition utilisée : *Journal ou description du merveilleux voyage de Guillaume Schouten, Hollandais natif de Hoorn, fait ès années 1615, 1616 & 1617*, Amsterdam : Chez Ian Iansson, 1619. Le texte de cette traduction d'époque a été modernisé.
Lockett, Willem George, *Robert Louis Stevenson at Davos*, Londres, s.d.

MACKAY, Margaret, *The Violent Friend: The Story of Mrs Robert Louis Stevenson*, New York, 1968.

MARTIN, John, *An Account of the Natives of the Tonga Islands in the South Pacific Ocean. With an Original Grammar and Vocabulary of their Language. Compiled and Arranged from the Extensive Communications of Mr William Mariner, Several Years Resident in Those Islands*, 2 volumes, Londres, 1817.

MCLYNN, Frank, *Robert Louis Stevenson*, Londres, 1993.

MOORS, Harry Jay, *With Stevenson in Samoa*, Londres, 1911.

MOORS, Harry Jay, *Some Recollections of Early Samoa*, Apia, 1986.

OSBOURNE, Katherine Durham, *Robert Louis Stevenson in California*, Chicago, 1911.

OSBOURNE, Lloyd, *An Intimate Portrait of Robert Louis Stevenson*, New York, 1924.

OSBOURNE, Lloyd, "Mr Stevenson's Home Life at Vailima", in *Scribner's Magazine*, New York, octobre 1895.

OSBOURNE, Lloyd, 20 lettres à Isobel Field, juillet-décembre 1940, inédites, Bancroft Library, University of California, Berkeley, California.

PEKALKIEWICZ, Janusz, *Da liegt Gold. Verborgene Schätze in aller Welt*, Stuttgart, 1997.

PLATT, Cameron ; WRIGHT, John, *Treasure Islands. The Fascinating World of Pirates, Buried Treasures and Fortune Hunters*, Londres, 1992.

RIEDEL, Otto, *Der Kampf um Deutsch Samoa. Erinnerungen eines Hamburger Kaufmanns*, Berlin, 1938.

RUTHERFORD, Noel, *Friendly Islands. A History of Tonga*. Melbourne, 1977.

SAINT-MARTIN, Vivien de, *Nouveau dictionnaire de géographie universelle*, Paris, 1879.

SIBREE, James, *Register of L. M. S. Missionaries*, Londres, 1923.

SOLF, Wilhelm Heinrich (éd.), *The Cyclopedia of Samoa (Illustrated)*, Sydney, 1907.
STEUART, John Alexander, *Robert Louis Stevenson. A Critical Biography*, Boston, 1924.
STEVENSON, Fanny, *The Cruise of the "Janet Nichol" Among the South Sea Islands. A Diary by Mrs Robert Louis Stevenson*, Londres, 1915.
STEVENSON, Fanny et Robert Louis, *Our Samoan Adventure*, éd. Charles Neider, New York, 1955 ; trad. fr. *Notre aventure aux Samoa.* trad. d'Isabelle Py Balibar ; préface de Michel Le Bris, Paris, Phébus, 1994.
STEVENSON Robert Louis, *Voyage avec un âne dans les Cévennes* [1879], trad. Léon Bocquet, Paris, Éditions Je sers, 1951.
STEVENSON, Robert Louis, *Le Creux de la vague*, trad. de Jean-Pierre Naugrette, Paris, Flammarion, 1993.
STEVENSON, Robert Louis, *The Works of Robert Louis Stevenson*, Vailima Edition, 26 volumes, Londres, 1922.
STEVENSON, Robert Louis, *The Letters of Robert Louis Stevenson*, 8 volumes, New Haven et Londres, 1995.
STEVENSON, Robert Louis, *Letters and Miscellanies. Correspondence Adressed to Sidney Colvin, November 1890 to October 1894*, New York, 1904.
STEVENSON, Robert Louis, *Lettres du vagabond. Correspondance, tome I (septembre 1854-août 1887)*, édition établie et présentée par Michel Le Bris, trad. de Robert Louit, Jean-Pierre Ricard et Isabelle Chapman, Paris, NiL Éditions, 1994 [Abréviation : *Corr.* 1].
STEVENSON Robert Louis, *Lettres des mers du Sud. Correspondance, tome II (août 1887-décembre 1894)*, éd. Michel Le Bris, trad. d'Isabelle Chapman, Anne Paumier, Gérard Piloquet, Jean-Pierre Ricard, Paris, NiL, 1995 [Abréviation : *Corr.* 2].

Stevenson, Robert Louis, *Letters to Charles Baxter*, New Haven, 1956.

Swearingen, Roger G., *The Prose Writings of Robert Louis Stevenson. A Guide*, Hamden, 1980.

Terry, Reginald Charles, *Robert Louis Stevenson. Interviews and Recollections*, Iowa City, 1996.

Theroux, Joseph, "Rediscovering « H. J. M. », Samoa « Unconquerable » Harry Moors", in *Pacific Island Monthly*, août et septembre 1981.

Watson, Robert Mackenzie, *History of Samoa*, Auckland, 1918.

Weiner, Michael A., *Secrets of Fijian Medicine*, auto-édition, Berkeley, vers 1980.

Whitmee, S. J., "Tusitala. R. L. S. – A New Phase", in *The Atlantic Monthly*, mars 1923.

Wilson, Derek, *The World Atlas of Treasure*, Londres, 1981.

Woodhead, Richard, *The Strange Case of R. L. Stevenson*, Édimbourg, 2001.

TABLE

"Mon père est normand…" 9

1. Une goélette paisiblement ancrée 13
2. Un domaine digne d'un prince 30
3. L'histoire de Fanny et Louis 44
4. L'île Cocos 66
5. L'île au trésor 84
6. "J'espère que tout se passera pour le mieux" 99
7. Le lutin de la bouteille 118
8. Où est le trésor ? 125
9. L'aventureuse traversée de Willem Schouten et Jacob LeMaire 134
10. "Quelque chose déraille ?" 146
11. Une facétie divine 163
12. Foudre et tonnerre 168
13. L'île des pirates 178
14. "Est-ce que j'ai un air bizarre ?" 182
15. Le lutin de la bouteille continue sa route 187
16. Le souffle venu de la mer 196

"Voilà c'est tout…" 205

Remerciements 213

Sources 215

Bibliographie 225

ACTES SUD

Extrait du catalogue

Collection “Lettres allemandes”

N’hésitez pas à consulter, pour de plus amples informations,
le site www.actes-sud.fr

DERNIÈRES PARUTIONS :

Karen KÖHLER
BÊTES FÉROCES, BÊTES FAROUCHES
Nouvelles traduites par Isabelle Liber
Avril 2017 / 11,5 x 21,7 / 288 pages

Ici, affirmer ses choix, assumer ce qu’on est et ce qu’on vit présente un risque et va de pair avec la nécessité de se décharger du superflu, de laisser derrière soi ce qui pèse inutilement. Ce fil rouge du dépouillement s’exprime aussi dans une écriture épurée et elliptique où l’auteur parvient à concilier précision et accents poétiques. On achève la lecture de ces nouvelles comme on revient d’un voyage au loin – un peu sonné par le décalage horaire, mais fort de nouvelles expériences, riche de rencontres passionnantes et prêt à affronter les vraies questions.

W. G. SEBALD
AMÈRE PATRIE
À propos de la littérature autrichienne
Essais traduits par Patrick Charbonneau
Février 2017 / 11,5 x 21,7 / 256 pages

Ce recueil d’essais sur la littérature autrichienne explore les thèmes de prédilection de Sebald : l’exil, la patrie perdue, la patrie dont on ne se défait jamais... Il expose ici l'ambiguïté des rapports qui unissent un homme à sa patrie en étudiant la vie et les œuvres de huit auteurs majeurs. Leurs itinéraires reflètent l'histoire mouvementée de l'Autriche aux XIXe et XXe siècles et Sebald examine à travers eux l'évolution du nationalisme autrichien et le sort qu'il réserva à la population juive.

Gila LUSTIGER
LES INSATIABLES
Roman traduit par Isabelle Liber
Septembre 2016 / 14,5 x 24 / 384 pages

En 1984, Émilie T., jeune escort-girl parisienne, avait été sauvagement assassinée, meurtre jamais élucidé. Vingt-sept ans plus tard, la presse annonce l'arrestation d'un employé de banque sans histoires, Gilles Neuhart, dont l'ADN correspond à celui trouvé sur la scène du crime. Dix-sept lignes – c'est ce que son rédacteur en chef demande à Marc Rappaport sur cette affaire. Le journaliste, homme complexe et tourmenté, suit son intuition et cherche, envers et contre tout, à en savoir davantage sur le destin de la jeune femme. Patiente et tenace, son enquête lève le voile sur un drame sanitaire impliquant quelques insatiables de l'industrie chimique et de la sphère politique. Dans cet ambitieux roman dédié au journalisme d'investigation, Gila Lustiger dresse un portrait impitoyable de certains milieux français. S'inspirant de faits réels, l'auteur explore strate par strate la société parisienne et provinciale. Un réquisitoire puissant contre les maux qui affligent nos démocraties néolibérales.

Sibylle BERG
MERCI BIEN POUR LA VIE
Roman traduit par Rose Labourie
Septembre 2015 / 14,5 x 24 / 352 pages

Sa mère lui a donné un nom de petit chien. Abandonné, maltraité, mal aimé, cet être au sexe incertain vacille entre devenir homme ou femme. Cahin-caha, il avance – depuis l'été glacial de 1966 dans la campagne est-allemande où il est né, jusqu'en 2030, à Paris, devenu parc d'attractions pour touristes. Sa naïveté fait sourire. Son besoin d'être estimé par les autres l'expose aux pires dangers. Y aura-t-il quelqu'un pour l'aimer? Sibylle Berg a créé un personnage inoubliable dont l'humanité est sans cesse mise à rude épreuve. Sa famille, ce sont Candide, Simplicissimus ou encore l'Idiot. *Merci bien pour la vie* est un roman ironique, fulminant et tendre à la fois – la réponse picaresque de Sibylle Berg aux égarements de notre époque

Alex CAPUS
LE FAUSSAIRE, L'ESPIONNE ET LE FAISEUR DE BOMBES
Roman traduit par Emanuel Güntzburger
Mars 2015 / 11,5 x 21,7 / 288 pages

Novembre 1924, gare de Zurich, trois jeunes gens se croisent sous la plume d'Alex Capus. La vie les attend, les voies à emprunter semblent innombrables. À chaque intersection, une décision s'impose pour engager leur destin et choisir leur camp. En biographe passionné et passionnant, Alex Capus raconte le cheminement de deux hommes et d'une femme ayant vécu intensément le XXe siècle. Comme dans *Léon et Louise* (Actes Sud, 2012), roman ayant connu un succès international, l'auteur allie fiction et réalité, enrichissant son travail d'écriture par des recherches historiques approfondies. Un magnifique roman d'aventures, un voyage au-delà des frontières en compagnie de trois personnes qu'on aurait tant aimé rencontrer.

Daniel KEHLMANN
LES FRIEDLAND
Roman traduit par Juliette Aubert
Janvier 2015 / 11,5 x 21,7 / 304 pages

Signes, visions et menaces accompagnent ces quelques jours de canicule durant lesquels la vie des trois frères risque de basculer vers le désastre – ou peut-être va-t-elle leur offrir une nouvelle chance ? Roman familial déconstruit, enquête philosophique pleine d'ironie, portrait comique de l'époque actuelle – le livre de Daniel Kehlmann captive par son intelligence et sa drôlerie.

Marie-Luise SCHERER
LES CHIENS DU RIDEAU DE FER
Récits traduits par Matthieu Dumont
Novembre 2014 / 10 x 19 / 96 pages

Il y a près de trente ans s'ouvrait la frontière interallemande, longue de 1 400 km. Le rideau de fer côté allemand disparaissait. Dans un récit saisissant, Marie Luise Scherer raconte l'histoire des chiens qui l'ont gardé pendant quatre décennies : les trafics en tout genre pour les acquérir et les former ; leur souffrance extrême, reflétant la brutalité avec laquelle on les traitait ; leurs maîtres et ce qu'ils sont devenus après 1989… Grand classique du genre en Allemagne, ce reportage brillant rend inoubliable la folie dans laquelle l'État est-allemand s'était enfermé.

W. G. SEBALD
LA DESCRIPTION DU MALHEUR
À propos de la littérature autrichienne
Essais traduits par Patrick Charbonneau
Septembre 2014 / 11,5 x 21,7 / 272 pages

Dans ces essais marquants, W. G. Sebald parle d'une façon inédite de neuf grandes personnalités de la littérature autrichienne, parmi lesquels Schnitzler, Kafka, Canetti, Bernhard, Handke… Il place au centre de ses études la condition psychique de l'écrivain, mais aussi ses souffrances liées aux faits politiques de son époque, et s'interroge : "Ceux qui se donnent la peine de décrire le malheur ne témoignent-ils pas de son possible surpassement ?"

EINZLKIND
HAROLD
Roman traduit par Isabelle Liber
Novembre 2013 / 11,5 x 21,7 / 240 pages

Casanier, oui ! Harold l'est. Très timide aussi. En fait, il a peur de tout. Son plus grand plaisir est de mettre en scène son suicide dans l'entrée de l'immeuble londonien où il habite seul. Ses voisines s'y sont faites. Après avoir été licencié du supermarché où il vendait de la charcuterie, Harold se fait piéger : une voisine récemment arrivée veut lui confier Melvin, son fils surdoué de onze ans, pendant toute une semaine. Harold n'a ni le temps ni le courage de refuser. Melvin et son regard impitoyable sur le monde bousculeront la vie et les émotions d'Harold. Surtout lorsque le garçon, à la recherche de son père qu'on lui cache, emprunte la voiture de sa mère et invite Harold au volant… Un roman road movie délicieusement décalé, au ton impertinent, lucide, et, finalement, irrésistiblement drôle.

Juli ZEH
DÉCOMPRESSION
Roman traduit par Matthieu Dumont
Septembre 2013 / 11,5 x 21,7 / 288 pages

Au mois de novembre sur l'île de Lanzarote : paysages minéraux, climat doux mais changeant. La faune et la flore sous-marines des environs en font un lieu de plongée recherché. Sven, le nonchalant instructeur, y organise des cours de plongée mais cette semaine-là, ce sont ses deux singuliers stagiaires qui semblent mener le jeu. Jola et Theo, couple berlinois très glamour, attirent Sven dans un piège. À moins que ce ne soit le contraire. Les sorties en mer se transforment en mises en scènes – provocation, désir et haine s'y invitent. Chacun risque de perdre la maîtrise de la situation et de sa vie. Et peut-être davantage encore. L'indifférence que Sven cultive se fissure. Et l'angoisse s'infiltre. Qui manipule qui ? *Décompression* est un thriller intelligent et jubilatoire qui jongle avec nos idées préconçues : un Juli Zeh grand cru et un pur plaisir de lecture.

Judith SCHALANSKY
L'INCONSTANCE DE L'ESPÈCE
Roman traduit par Matthieu Dumont
Mars 2013 / 11,5 x 21,7 / 240 pages

La nature s'adapte à tout, pense Inge Lohmark, professeur de biologie et de sport exerçant depuis plus de trente ans dans une ville de l'ex-Allemagne de l'Est qui, à présent, est vouée à se vider de sa population. Pour échapper à la crise, les moyens sont limités : élever des autruches, comme son mari Wolfgang, ou s'exiler aux États-Unis, comme sa fille Claudia. D'ailleurs, le collège va fermer, faute d'élèves, mais s'en plaindre n'est pas le genre de cette femme de tête. Elle analyse chaque sensation à travers le prisme de la science qu'elle enseigne. À ses yeux, tout est régi par des processus physicochimiques, par les mécanismes de l'évolution et de la génétique. Alors que des actes cruels se produisent au sein du collège, des pensées étranges s'introduisent dans l'esprit corseté de l'enseignante. L'ironie et le style raffiné de Judith Schalansky sont accentués par des illustrations en noir et blanc, dessins sortis tout droit d'un vieux livre de biologie.

Alex CAPUS
LÉON ET LOUISE
Roman traduit par Emanuel Güntzburger
Septembre 2012 / 11,5 x 21,7 / 320 pages

Léon et Louise n'ont pas vingt ans lorsqu'ils se rencontrent dans un petit village français vers la fin de la Première Guerre mondiale. Connus, reconnus, perdus de vue, séparés par les hasards de l'Histoire et les vents contraires du destin, les deux jeunes gens ne s'oublieront jamais. En explorant la vie secrète de son propre grand-père sur plus de quarante ans, Alex Capus signe le roman d'un amour plus fort que le tourbillon de la vie, une irrésistible épopée qui a déjà séduit un grand nombre de lecteurs à travers le monde.

Alina BRONSKY
CUISINE TATARE ET DESCENDANCE
Roman traduit par Isabelle Liber
Mars 2012 / 11,5 x 21,7 / 336 pages

Rosalinda est une femme de tête, fière d'être tatare. Elle gouverne les existences de sa fille et de sa petite-fille avec une autorité qui ne souffre aucune contestation. Lorsque la vie dans l'URSS des années 1980 devient intenable, elle trouve des ruses de plus en plus insolites pour s'en sortir. C'est avec humour et persuasion qu'elle raconte les épreuves qu'elle fait subir aux membres de sa petite famille – car elle ne veut que leur bien ! Alina Bronsky, elle-même d'origine russe, éclaire les coulisses des destins qui mènent à l'émigration.

Ingeborg BACHMANN
JOURNAL DE GUERRE
Traduit par Françoise Rétif
Octobre 2011 / 10 x 19 / 128 pages

À qui Ingeborg Bachmann avait-elle destiné ses "Lettres à Felician" ? Dans ce journal tenu à la fin de la guerre, la grande poétesse relate la vie dans sa ville natale meurtrie, et son amour pour un soldat anglais, Jack Hamesh, émigrant juif employé par la force d'occupation. Son journal est ici suivi des lettres récemment retrouvées de Jack Hamesh.

Alissa WALSER
AU COMMENCEMENT LA NUIT ÉTAIT MUSIQUE
Roman traduit par Juliette Aubert
Septembre 2011 / 11,5 x 21,7 / 256 pages

Vienne, 1777. Une chance inouïe se présente pour le célèbre médecin Mesmer, le premier magnétiseur de l'histoire : on lui amène une jeune prodige du piano – la fille aveugle d'un haut fonctionnaire à la cour. Lorsque Maria Theresa Paradis recouvre une partie de sa vue, l'opinion publique et le milieu médical se déchirent, soupçons et jalousies vont bon train. Des personnages historiques forts, originaux, et une langue moderne, retenue, parfois très poétique, font de ce livre une belle œuvre sensuelle et musicale.

OUVRAGE RÉALISÉ
PAR L'ATELIER GRAPHIQUE ACTES SUD
REPRODUIT ET ACHEVÉ D'IMPRIMER
EN AVRIL 2017
PAR NORMANDIE ROTO IMPRESSION S.A.S.
À LONRAI
POUR LE COMPTE DES ÉDITIONS
ACTES SUD
LE MÉJAN
PLACE NINA-BERBEROVA
13200 ARLES

DÉPÔT LÉGAL
1re ÉDITION : MAI 2017
N° d'impression : 1701070
(Imprimé en France)